미래는 갑자기 오지 않는다.
미래 신호 future signals 를 주고 온다.

2024년
MT 갑시다

*본문 사진 저작권: (29쪽) Public domain, via Wikimedia Commons / (63쪽) A. Savin, FAL, via Wikimedia Commons / (89쪽) Cedric Ramirez from Gibraltar, Gibraltar, CC BY-SA 2.0 〈https://creativecommons.org/licenses/by-sa/2.0〉, via Wikimedia Commons / (129쪽) Marie-Claire Camp from Grand Rapids, USA, CC BY 2.0 〈https://creativecommons.org/licenses/by/2.0〉, via Wikimedia Commons / (140쪽) Jaci XIV from São Paulo SP, Brasil, CC0, via Wikimedia Commons

돈이 되는 미래기술 리포트
2024년 MT 갑시다

지은이 | 최윤식

1판 1쇄 인쇄 | 2023년 10월 30일
1판 1쇄 발행 | 2023년 11월 10일

펴낸곳 | (주)지식노마드
펴낸이 | 노창현
표지디자인 | 블루노머스 본문디자인 | 푸른나무디자인
등록번호 | 제313-2007-000148호
등록일자 | 2007. 7. 10

(04032) 서울특별시 마포구 양화로 133, 1201호(서교동, 서교타워)
전화 | 02) 323-1410
팩스 | 02) 6499-1411
홈페이지 | knomad.co.kr
이메일 | knomad@knomad.co.kr

값 17,000원
ISBN 979-11-92248-14-1 13320

copyright ⓒ 최윤식 2023

- 이 책은 저작권법에 따라 보호받는 저작물이므로 무단전재와 무단복사를 금합니다.
- 이 책 내용의 전부 또는 일부를 이용하려면 반드시 저작권자와
  (주)지식노마드의 서면 동의를 받아야 합니다.
- 잘못 만들어진 책은 구입하신 서점에서 교환해 드립니다.

2024년 MT 갑시다

돈이 되는 미래기술 리포트

최윤식 지음

들어가는 말 · 10

1장 챗GPT가 바꿀 2024년 비즈니스 장면들

1   시간 문제일 뿐 · 17
2   애플의 역사를 알면 미래가 보인다 · 18
3   숨어서 발톱을 갈고 있는 애플 · 19
4   마이크로소프트보다 더 큰 돈을 AI에 쏟아 붓고 있다 · 20
5   애플의 야심, 스마트폰에서 돌아가는 AI · 21
6   AI를 품은 스마트 안경의 등장 · 22
7   애플이 내놓은 최초의 공간 컴퓨터 비전 프로 · 23
8   100개 국어 동시통역의 시대가 열린다 · 24
9   의심하는 순간 뒤처진다 · 25
10 정부도 움직이기 시작했다 · 26
11 삼성전자의 빅스비가 생활에 들어온다 · 27
12 2024년은 생성형 인공지능 확산의 초입 단계 · 28
13 AI가 경제학을 바꾼다 · 30
14 생성형 AI의 힘을 의심하지 말라 · 31
15 2세대 AI 반도체는 연산 속도 10배 빠른 NPU · 31
16 AI 반도체를 둘러싼 거인들의 전쟁 · 32
17 경기 침체가 오면 꼭 투자해야 할 곳 · 34
18 메모리 반도체와 네트워크 반도체의 재도약 · 35
19 클라우드 플랫폼이 부각되는 이유 · 37
20 벡터 데이터베이스란 무엇인가? · 38
21 벡터 데이터베이스 기업에 주목하라 · 39
22 AI 디지털 교사의 등장 · 40
23 미래는 생존학습의 시대 · 41

24	언어 경계 허물어져 K교육이 글로벌 비즈니스가 된다	· 43
25	에듀테크 각축전 시작됐다 · 44	
26	K교육에 새로운 황금의 땅 열린다 · 45	
27	가상인간, 시장의 발전이 느린 이유 · 46	
28	누구나 가상인간을 개인 비서로 · 46	
29	메타버스는 한여름 밤의 꿈이었나? · 48	
30	디지털 트랜스포메이션을 가속화하는 기술, 로우코드 · 49	
31	70%의 앱이 로우코드로 개발된다 · 51	
32	자연어로 앱을 개발하려는 시도들 · 52	
33	자동화를 넘어 지능화 단계로 · 54	
34	마이크로 공장, 다품종 소량생산의 궁극적 대안 · 55	
35	제조업에서 애플, 구글 능가하는 플랫폼 등장할 수 있다 · 56	
36	오토GPT, 생성형 AI가 공장장이 되다 · 57	
37	포드 시스템 대체할 새로운 제조업 표준 · 58	
38	인공지능과 협업하는 방법을 배워라 · 59	
39	B2C에서 C2B로, 알리바바 '쉰시'가 보여준 미래 · 60	
40	개인이 직접 로봇을 만들 수 있는 자유를 준 인텔 · 62	
41	미래를 향한 몽상을 돈으로 바꾸는 기술 · 63	

2장 2024년 MT: 미래기술 트렌드 추적

42	2024년 벌어질 치킨게임 · 69	
43	치킨게임이 벌어지는 3가지 이유 · 70	
44	테슬라 외 생존을 자신할 수 없다 · 71	
45	중국 전기차 회사의 파산 가능성 높다 · 72	
46	테슬라의 시장점유율은 계속 하락한다 · 73	
47	e퓨얼로 무장한 내연기관 자동차의 반격이 시작된다 · 73	

48	일론 머스크가 생각하는 미래 전략 · 75
49	경쟁의 중심이 배터리에서 자율주행 기술로 이동한다 · 76
50	LG전자는 왜 모빌리티 사업에 뛰어들었나 · 77
51	애플, 핸들과 페달 숨기는 기술 특허 출원 · 78
52	2024년, 배터리 과잉 투자의 충격 온다 · 82
53	시장의 적신호 무시하고 질주하는 배터리업계 · 83
54	배터리 원자재 가격 하락이 의미하는 것 · 84
55	누가 더 잘 접고, 말고, 밀 수 있을까? · 85
56	폼팩터 다양화에 사활이 걸려 있다 · 86
57	중대형 투명 OLED 강자는 역시 LG디스플레이 · 87
58	삼성디스플레이 이매진 인수, XR시장 본격 공략 · 87
59	디스플레이가 자동차 구매의 절대적 기준 된다 · 88
60	이미 시작된 자동차 디스플레이 경쟁 · 88
61	미래 디스플레이 시장, 8조 5천억 원도 작게 본 것이다 · 90
62	배터리 치킨게임 승자의 조건 · 96
63	창의적 시장 개척자를 찾아라 · 97
64	가격 인하 전략의 핵심은 에너지 밀도 향상 · 98
65	궁극의 배터리, 전고체 전지는 언제 나올까? · 100
66	전고체 전지와 함께 뜨는 드라이룸 생산 기업 · 100
67	2024년 세계 최초 가상자산법 '미카' 시행 · 101
68	제2세대 암호화폐 시장 열린다 · 101
69	3조 1,000억 달러짜리 블록체인 시장을 잡아라 · 103
70	최소한의 블록체인 · 104
71	블록체인과 비트코인 · 105
72	제2세대 블록체인으로 할 수 있는 것들 · 106
73	지멘스, 821억 원 규모의 디지털 채권 발행 · 107
74	NFT, 자산의 토큰화 시대 · 108
75	진본 여부가 중요한 모든 곳에 · 109
76	UAM, 2025년이 상용화 원년 · 110
77	스페이스X가 투자한 비행 전기차 '모델A', 상공에서 177km 이동 가능 · 111

78	용인 구성역에 지하, 땅, 하늘을 잇는 복합환승센터 짓는다 · 111	
79	5G를 넘어 6G 통신이 필요한 이유 · 113	
80	6G 통신의 로드맵 · 115	
81	오픈랜, 통신망의 지능화, 가상화 출발점 · 115	
82	저궤도 위성망, 스타링크의 추격자들 · 116	
83	로켓보다 100분의 1 비용으로 우주여행하는 풍선의 등장 · 117	
84	스페이스X, 버진 갤럭틱, 아마존의 우주여행 경쟁 · 118	
85	미 항공우주국, 달 남극 거주민 모집 · 120	
86	2024년 휴머노이드 상품, '아폴로' 출시 · 121	
87	인공지능 로봇의 리더들 · 122	
88	코로나 기간, 로봇의 약진 · 123	
89	리버풀대학 연구팀 소속 로봇 연구원, 인간 연구원보다 실험 속도 1000배 빨라 · 124	
90	인공지능이 로봇에 들어가서 생기는 변화들 · 124	
91	로봇 전우여, 함께 조국을 지키세 · 126	
92	2024년 서비스 로봇, 1,220억 달러 시장으로 쑥쑥 · 127	
93	오픈AI가 로봇 네오에 거액 투자한 이유 · 128	
94	삼성과 LG, 네이버의 로봇 사업 어디까지 왔나? · 130	
95	꿈의 도시 건설 프로젝트 '네옴시티' · 132	
96	네옴시티의 핵심은 옥사곤 · 133	
97	상상력의 경연장, 미래도시 프로젝트들 · 135	
98	빈 살만 왕세자, 영생의 꿈에 매년 10억 달러 투자 · 136	
99	배양육, 기존 소고기보다 20배 빠르게 정육점에 온다 · 137	
100	록히드마틴, 2028년 핵융합 엔진 개발 목표 · 138	
101	인공 자궁의 탄생, 인구감소 해법될까? · 138	
102	다르파, 몸에 칩 심어 생각만으로 무기 사용한다 · 139	
103	신체에 '칩 임플란트' 심어 장애 치료, 35억 달러 시장으로 발돋음 · 141	
104	혈관 돌아다니며 암 세포 제거하는 나노 로봇 · 142	
105	뇌세포로 만든 바이오 컴퓨터, 기존 AI보다 18배 빠른 학습 능력 · 144	

3장 2024년 MT를 움직이는 심층원동력

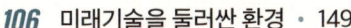

106 미래기술을 둘러싼 환경 · 149
107 미국 대선이나 원유 가격보다 중요한 것이 있다 · 150
108 경기 침체는 기술 기업의 판도를 바꾼다 · 151
109 웃고 있을 때 폭탄이 떨어지곤 했다 · 152
110 미국시장, 2024년도 과연 선방할까? · 153
111 왜곡된 시장에 현혹되지 마라 · 154
112 과거 패턴에서 미래 신호를 찾아라 · 155
113 기술주 대폭락을 예고하는 2개 시그널 · 156
114 보조 신호 1. 저축률 하락 · 158
115 보조 신호 2, 3, 4 · 161
116 소음 1. 소매판매 지표는 경기 침체와 기술주 대폭락을 판단하는 데는 소음이다 · 162
117 우리의 눈을 가리기 쉬운 소음 9가지 · 163
118 미국 3대 지수가 보여주는 주식시장 법칙 · 165
119 주가 버블 요인 4가지와 주식 대폭락기 · 167
120 대폭락이 오면 과감하게 매수해야 할 것들 · 168

미래학자가 전망하는 '2024년 경기 침체 가능성' 시나리오 · 170

미주 · 191

— 들어가는 말 —
"의심하는 순간 뒤처진다"

기술이 중요한 것이 아니다. 챗GPT로 대표되는 생성형 인공지능이 일과 사회를 크게 바꿀 것이라는 정도의 예측은 조금만 관심을 가지고 공부하면 쉽게 알 수 있다. 문제는 그 다음이다.

"나는 챗GPT로 무엇을 할 수 있을까?"
"우리 회사는 챗GPT를 이용해 어떻게 비즈니스를 바꿀 수 있을까?"

이 질문에 답하기는 쉽지 않다. 생성형 인공지능의 원천기술을 개발한 회사이자 인공지능에서 가장 앞선 기술력을 가진 구글조차 사업화 단계에서는 오픈AI에 선수를 빼앗겼다. 그러니 기술 전문가가 아닌 개인과 기업이 일과 비즈니스에 미래기술을 접목하기란 더욱 쉽지 않다.

이 책《2024년 MT 갑시다: 돈이 되는 미래기술 리포트》는 앞의 두 가지 질문에 초점을 맞추어 미래기술의 트렌드를 추적하는 책이다. 제4차 산업혁명이 가져올 기회를 붙잡기 위한 기본은 변화를 이끄는 새로운 기술이 무엇인지를 아는 것이다. 우리는 기본을 바탕으로 한 걸음 더 나아가야 한다.

기술 발전의 방향이 바뀌지 않아도, 각각의 미래기술마다 변화의 속도는 시시각각 변할 수 있다. 그 속도 감각을 익혀야 내가 진입할 올바른 타이밍을 잡을 수 있다. 너무 빠르면 소득 없이 돈을 잡아먹기만 하는 투자의 수렁에 빠진다. 너무 늦으면 낙오자가 된다.

미래기술을 이용한 혁신에 성공하기 위해서는 그 기술을 가지고 나는 무엇을 할 것인지 목표를 분명히 정해야 한다. 목표를 올바르게 설정하기 위해서는 기술과 산업의 트렌드에 영향을 미치는 변수를 꿰뚫어보는 통찰력이 필요하다. 기술의 발전을 결정하는 것은 기술 그 자체만이 아니다. 경제, 금융, 정치, 법률, 사회 등 다양한 외부 환경 요인에도 크게 의존한다. 역사에는 기술적으로 뛰어난 기술임에도 시장에서 채택되지 않은 많은 사례가 있다. 더욱이 인공지능은 여러 윤리적 문제와 사회 규칙까지 연관되어 있기 때문에 기술을 둘러싼 환경 변화를 이해하는 것이 더욱 중요하다. 3장에서 '2024년 경기 침체 가능성 시나리오'를 소개한 이유이다. 필자는 2024년 기술과 산업의 트렌드에 영향을 미칠 가장 중요한 변수가 '경기 침체 가능성'이라고 예측한다. 기술과 경제는 별개의 영역처럼 보이지만, 그 둘은 매우 긴밀한 상관관계를 가진다. 2024년에는 경기 침체 가능성, 금융시장의 왜곡, 기준금리의 변화 등이 기술과 산업에 가장 큰 영향을 미칠 환경 요인이다.

1장에서는 2024년의 변화를 주도할 미래기술의 수퍼스타로 생성형 인공지능을 선정하고 그 세부 변화를 예측했다. 이 기술은 처음 등장했을 때의 놀라움과 충격을 넘어 제조업의 패러다임을 바꾸고, 애플과 같은 기업까지 끌어들이며 계속 진화할 것이다. 그리고 자연어를 이용해 앱을 개발하는 로우코드의 대중화, 반도체 산업의 재편, AI 에듀테크를 이용한 K교육의 글로벌 시장 진출 가능성 등을 통해 무한한 변화와 기회를 만들게 될 것이다. 2024년은 그런 변화가 확산하는 입구가 될 것이다.

2장에서는 인공지능 외에 2024년에 눈여겨봐야 할 기술과 산업의 주요 트렌드를 소개했다. 전기자동차부터 디스플레이 산업, 블록체인과 암호화폐, 우주산업, 에너지, 로봇 등의 분야에서 미래기술이 어떤 방향으로 발전하고 있는지, 어떻게 산업의 패러다임을 바꿀지 분석하고 예측했다. 더불어 아직 본격적인 시장 형성에 이르지는 못했지만 언젠가는 세상을 바꿀 잠재력을 가진 미래의 컴퓨팅 기술, 핵융합 발전, 양자 컴퓨터 등의 분야에서 2024년 어떤 일이 일어날지 살펴보았다.

《2024년 MT 갑시다: 돈이 되는 미래기술 리포트》는 매년 발간될 예정이다. 매년 새로운 기술 트렌드를 소개하는 것은 쉽지 않다. 기술의 변화가 아무리 빨라도 소비 트렌드의 변화보다는 속도가 느리기 때문이다. 하지만 장기간 지속되는 기술 트렌드라고 해도 기술과 산업의 특성이 매년 어떻게 변화하는지를 분석하고 그 다음 발전 단계를 예측하는 것은 의미가 있다. 막연한 기술 전망을 넘어 어떤 미래기술이 어떻게 우리의 생활과 비즈니스와 투자를 바꿀지를 분석하고 예측하기 위해 노력했다. 앞에서 던진 두 질문에 대한 해답의 실마리를 찾는 데 도움이 되기를 바라기 때문이다. 그런 의미를 함축한 질문이 "기술을 이용해 어떻게 돈을 벌 수 있을까?"이고, 그래서 책의 콘셉트를 '돈이 되는 미래기술'로 잡았다.

이 책이 새로운 미래기술의 등장과 기술 혁신, 경제적 리스크가 얽히고설켜 어지러워 보이기까지 하는 변화 속에서 올바른 미래 방향을 잡기 위한 나침반이 될 수 있도록 힘썼다. 이 책이 기술이 이끄는 변화에서 미래의 기회를 잡고 싶은 독자에게 유용한 힌트를 제공했으면 하는 바람이다.

이 책이 나오기까지 많은 분들이 도움을 주셨다. 지식노마드 출판사 노창현 대표와 아시아미래인재연구소 연구원들, 사랑하는 부모님과 가족이 보내주는 변함없는 지지와 응원에 감사한다. 미래에 대한 필자의 생각에 보내주는 독자의 관심이야말로 연구의 가장 큰 원동력이다. 거듭 독자분들께 깊은 감사를 드린다.

'더 나은 미래'를 향해서
전문 미래학자 Professional Futurist
최윤식 박사

1장

챗GPT가 바꿀 2024년 비즈니스 장면들

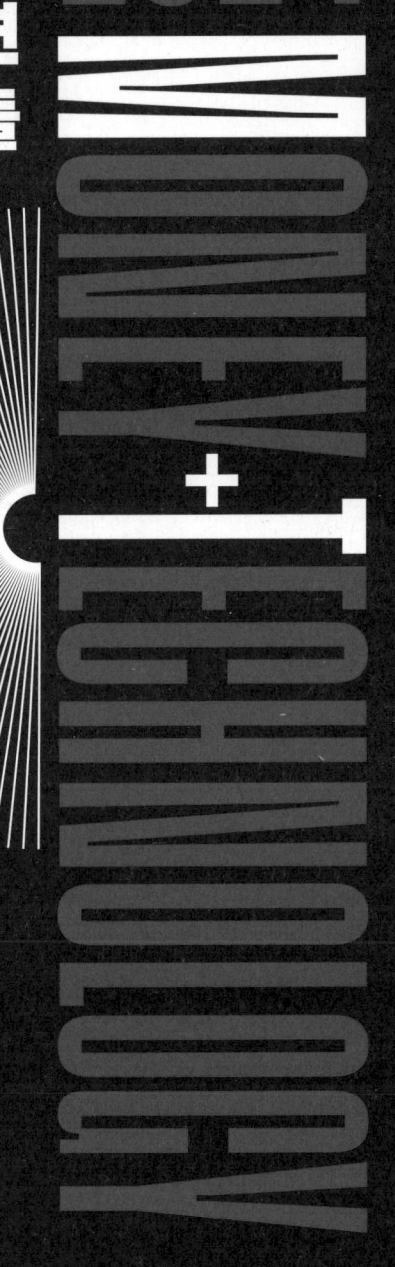

1장

챗GPT가 바꿀 2024년 비즈니스 장면들

> **2024년 MT**
> **애플은 생성형 인공지능 전쟁에 뛰어들까**

1

시간 문제일 뿐

2023년 애플은 전 세계를 강타한 생성형 인공지능Generative AI에 대한 명확한 비전과 전략을 공개하지 않았다. CEO 팀 쿡은 이에 관한 다수의 질문에 "AI는 애플의 기기와 서비스의 DNA이며, 이미 수년간 연구하고 있고, 우리의 제품군 전체에 통합되어 있다"는 원론적 답변만 반복했다.[1] 심지어 팀 쿡은 "잠재력을 감안해도 AI는 문제가 많다"는 부정적 평가를 내놓았다.[2]

많은 사람이 궁금해 한다. "애플도 생성형 인공지능 서비스를 내놓을까?" 대답은 이렇다. "시간 문제일 뿐이다." 2010년 4월 스티브 잡스는 20억 달러에 인공지능 음성 서비스인 '시리 어시스턴트'를 인수했다. 스티브 잡스는 시리를 단순히 검색엔진의 경쟁자로 생각했기 때문에 인수한 걸까? 아니다. 미래의 인공지능 서비스의 초석이라고 판단했기 때문이다. 잡스는 이미 그 당시에 검색엔진을 넘어서 인공지능의 패러다임이 도래할 것을 정확하게 통찰했다.[3]

2 애플의 역사를 알면 미래가 보인다

생성형 인공지능은 이미 대세다. 제4차 산업혁명의 게임체인저 기술 중 하나다. '검색의 시대'에서 '인공지능 비서의 시대'로 전환되는 세상을 거스를 수 없다. 몇 년 안에 초거대 언어모델 LLM: Large Language Model 인공지능을 중심으로 웹과 앱 생태계가 재편될 가능성이 높다. 가상세계에서 아바타나 가상인간, 현실세계의 로봇이나 자율주행 자동차, 집과 사무실 내 모든 사물에 초거대 인공지능 Large-scale AI 기술이 접목될 것이다. 애플도 이런 미래를 외면할 수 없다.

2023년 구글, 메타, 마이크로소프트, 아마존, 삼성전자, 네이버, 카카오, 알리바바, 텐센트 등 글로벌 빅테크 기업이 앞다투어 생성형 인공지능에 대한 자사의 비전과 전략을 경쟁적으로 발표했다. 그런데 왜 애플만 생성형 인공지능에 대한 비전과 전략을 공개하지 않았을까?

두 가지 이유가 있다. 첫째, 구글처럼 선수를 빼앗겼던 것이다. 늦었기 때문에 서두를 필요가 없어졌다. 둘째, 애플 고유의 전략 때문이다. 많은 사람이 애플을 선도적 기술을 개발하는 회사로 생각한다. 하지만 애플의 본질은 새로운 기술의 선두주자가 되기보다는, 이미 시장에서 검증된 기술을 개선하고 사용자 경험 중심으로 재정립하는 것이다. 애플은 다른 기업이 시장에 도입하고 실험한 기술을 세밀하게 분석해서 그 기술의 한계와 단점을 파악한다. 그후 자기들만의 독특한 접근법과 디자인 철학을 더해 대중에게 쉽게 받아들여지는 제품과 서비스를 출시하는 전략에 집중한다. 스마트폰과 태블릿 시장에서의 애플의 성공은 그들이 최초로 이러한 기기를 시장에 출시했기 때문이 아니다. 먼저 출시된 스마트폰의 단점과 한계를 인지한 다음 이를 뛰어넘는 사용자 경험을 제공했기 때문이다.

3 숨어서 발톱을 갈고 있는 애플

만약 애플이 시장 선두주자의 위상을 빼앗겼다고 생각한다면 더더욱 서두르지 않는다. 앞서 출시된 경쟁사의 제품과 서비스가 가진 단점을 보완하여 완성된 기술로 시장에 진입하는 전략을 구사한다. 대표적인 실례가 폴더블 스마트폰이다. 2023년 5월 15일 시장조사업체 카운터 포인트 리서치는 2023년 폴더블 스마트폰의 글로벌 시장 출하량을 2140만 대로 전망했고, 앞으로 5년간 연평균 18%씩 성장할 것으로 예측했다. 전체 스마트폰 시장이 침체 국면에 빠진 지금 폴더블 폰 시장만은 성장 추세다.[4] 이런 상황에도 애플은 폴더블 폰을 출시하지 않고 있다. 폴더블 폰은 인기가 날로 높아지지만 결정적인 단점이 있다. 스크린 주름과 접었을 때의 두께, 무게 문제가 남아 있다. 애플은 이런 문제점을 완벽하게 개선한 후에만 시장에 제품을 출시할 것이다. 이러한 접근 방식은 애플의 에어팟에도 볼 수 있다. 무선 이어폰은 에어팟이 출시되기 훨씬 전부터 있었지만 애플은 사용자 경험과 디자인, 연결성을 최적화하여 결국 시장을 선도하게 되었다.

결론적으로, 애플은 기술의 선두주자가 되려는 것이 아니다. 이미 시장에 나와 있는 기술을 최적화하고 사용자 중심의 혁신적인 제품을 만드는 데 역량을 집중한다.

4 마이크로소프트보다 더 큰 돈을 AI에 쏟아 붓고 있다

애플은 생성형 인공지능 기술에 관심이 없는 것이 아니다. 미래를 읽지 못하는 것도 아니다. 이 분야의 미래를 부정적으로 평가하지도 않는다. "잠재력 감안해도 AI 문제 많다"는 팀 쿡의 말은 원론적인 자세에 불과하다. 애플은 생성형 인공지능 기술을 확보하지 못하면 회사의 미래가 고통스럽다는 것을 알고 있다.

오픈AI, 구글처럼 생성형 인공지능의 파운데이션 모델을 구축하는 데는 막대한 투자 비용이 든다. AI 서버 구축, 학습 및 운용 비용, 데이터 비용, 인재 영입 등 게임에 참여하는 데만도 최소 수조 원이 든다. 메타(구 페이스북)가 파운데이션 모델 구축 경쟁에 뛰어들지 않는 이유다. 하지만 애플은 다르다. 애플은 인공지능 기술에 매년 엄청난 돈을 투자한다. 마이크로소프트가 오픈AI에 투자한 금액보다 많이 쓴다. 실리콘 탑재 뉴럴코어 등 인공지능 반도체도 만든다. 애플처럼 인공지능 기술, 막대한 자본, 클라우드 시스템, 인공지능 반도체 기술을 모두 갖춘 회사는 구글 뿐이다. 애플은 OS, 클라우드, 디바이스, 개발자 커뮤니티 등을 축으로 독자적인 생태계를 가지고 있다. 2023년 2월 기준 전 세계 애플의 활성 기기 수는 20억 대가 넘는다. 애플은 딥러닝 기술도 최고 수준이다.

한마디로, 애플은 생성형 인공지능 기술을 만들지 못해서가 아니라 감추고 있다. 오픈AI에게 시장 선두주자를 빼앗긴 상황에서 애플의 전략은 분명하다. 경쟁에 뛰어들 역량은 충분하다. 단, 서두르지 않는다.

5 애플의 야심, 스마트폰에서 돌아가는 AI

생성형 인공지능 기술은 확산이 빠른 만큼 충격과 공포도 크게 불러일으켰다. 선진국과 세계 저명인사들은 AI 개발을 잠시 중단할 것을 요청하기까지 했다. 챗GPT의 성능이 너무 빠르게 향상되는 데 대한 환호가 큰 만큼 경계심도 높아지고 있다. 자칫하면 인공지능이 인류 문명을 파괴한다는 공포가 지배하면서 선두주자가 강력한 역풍을 맞을 수도 있다.

생성형 인공지능과 초거대 인공지능 산업의 선두 경쟁이 치열하지만 수익성은 아직 물음표다. 생성형 인공지능 서비스에서 선두업체인 오픈AI는 2022년 한 해에만 5억 달러 손실을 기록했다. 이 분야는 아직 만족할 만한 수익 시장이 형성되지 않은 상태다.

애플은 당분간 자사 생성형 인공지능의 완성도를 높이는 데 주력할 것이다. 그리고 초거대 인공지능 모델이 만든 새로운 시장의 실체가 분명하게 드러날 때 보다 완성된 기술과 서비스로 한 번에 시장 판도를 뒤집으리라는 야심을 품고 있을 것이다. 실제로 블룸버그 통신은 애플 내부에서 에이작스Ajax라는 생성형 인공지능 프로젝트가 가동 중이라고 보도했다.⁵

애플의 전략 한 가지가 더 있다. 오픈AI는 자사 언어 모델인 챗GPT에 다양한 앱이 플러그인 형식으로 붙는 전략을 구사한다. 애플은 반대 전략을 취할 가능성이 높다. 이미 앱 스토어를 중심으로 형성된 개발자들에게 '애플의 생성형 인공지능 알고리즘'을 개발자 버전으로 제공하여 각자의 앱이나 게임 등의 프로그램 안에 직접 탑재하는 전략을 구사할 가능성이 높다. 애플은 '스마트폰에서 생성형 인공지능이 작동하는 시대'를 은밀히 대비 중일 것이다.

2024년 MT
생성형 AI와 애플의 비전 프로가 만나는 미래

6

AI를 품은 스마트 안경의 등장

생성형 인공지능의 가장 큰 특징 중 하나는 '언어의 경계를 무너뜨린다'는 것이다. 컴퓨터와 인간 사이 언어의 경계는 물론이고 인간과 인간 사이 언어의 경계도 허문다. 챗GPT4는 코드 인터프리터라는 기능을 갖고 있다. 그래서 파이썬Python 같은 컴퓨터 언어를 몰라도 누구나 자기가 원하는 것을 자연어(인간의 언어)로 프롬프트 창에 입력만 하면 챗GPT가 처리해 준다. 이제 컴퓨터 코딩 능력이 없어도 앱이나 웹사이트, 간단한 프로그램을 만들 수 있고, 딥러닝도 할 수 있다.

이뿐만이 아니다. 언어 생성형 인공지능의 통번역 기능은 거의 인간 수준에 도달했다. 2023년 4월 스탠포드 대학생 팀이 챗GPT와 자동 음성인식모델 위스퍼Whisper와 증강현실AR 기술을 융합해 대화를 듣고 말할 내용까지 알려 주는 AR 스마트 안경 리즈GPTRizzGPT를 개발했다. 이 안경을 착용하면 서로 다른 언어를 사용하는 사람끼리도 대화가 가능하다. 리즈GPT는 AR 안경에 장착된 마이크를 통해 음성을 인식하고 AR 카메라로 감지한 이미지를 이해한 뒤 이를 기반으로 도출한 답을 안경 화면에 표시해준다.[6]

7   애플이 내놓은 최초의 공간 컴퓨터 비전 프로

2024년 애플은 8년 개발 끝에 비전 프로Vision Pro라는 혼합현실MR 헤드셋을 출시한다. 애플은 이 기기를 최초의 공간 컴퓨터라고 소개했다. 비전 프로는 애플의 모든 기기와 연결된다. 이 기기를 착용하면 애플의 스마트폰과 컴퓨터, 애플TV에서 작동하는 모든 소프트웨어를 눈, 손, 목소리만으로 3D 몰입 환경에서 운용할 수 있다. 애플은 디즈니 같은 회사와 협업하여 애플 비전 프로에서 아이맥스로 영상 콘텐츠나 TV 프로그램을 시청할 수 있게도 했다.

만약 애플이 만든 생성형 인공지능과 비전 프로가 만나면 어떤 신세계가 펼쳐질까? 2023년 6월 미국 쿠퍼티노에서 개최된 '세계 개발자대회WWDC 2023' 컨퍼런스 개막 연설에서 애플 소프트웨어

엔지니어링 수석부사장 크레이그 페더리기Craig Federighi는 iOS 17의 자동 수정과 받아쓰기 기능에 생성형 인공지능 기술의 핵심인 '트랜스포머'가 탑재되었다고 소개했다. 사용자가 키보드로 타이핑할 때마다 트랜스포머 언어 모델은 문맥에 기반한 예측을 통해 보다 신속하고 정확하게 단어나 문장을 제안한다. 더욱 흥미로운 것은, 이 기술이 음성 인식에도 적용될 수 있다는 사실이다. 사용자의 발음이나 억양, 심지어는 다양한 방언까지도 트랜스포머 모델을 통해 정확하게 인식되어, 의미 있는 정보와 문장으로 변환된다. 이는 음성 인식의 한계와 오류를 크게 줄여서 사용자와 기기 간 소통을 더욱 원활하게 해준다.

8 100개 국어 동시통역의 시대가 열린다

현재도 구글의 픽셀버드Google Pixel Buds와 같은 자동 동시통역 기능을 탑재한 이어폰을 활용하면, 한국어를 비롯해 영어, 중국어, 스페인어 등 다양한 언어 간 동시통역 서비스를 이용할 수 있다. 예컨대, 대화하는 두 사람이 픽셀버드 이어폰을 착용하고 동시통역 앱의 대화 모드를 활성화하면 번역된 스크립트가 휴대전화 화면에 뜨는 동시에, 상대방의 말 또한 번역된 음성으로 실시간 들을 수 있다. 그러나 이러한 기능은 지금으로서는 기존의 AI 번역 엔진을 기반으로 작동하며, 각 문장의 번역에는 대략 0.5~3초의 시간이 소요된다.

2023년 8월 22일 메타도 심리스M4TSeamlessM4T라는 AI 모델을 공개했다. M4T는 '대규모 다국어 및 멀티모달 기계 번역'Massively

Multilingual and Multimodal Machine Translation을 뜻하며 총 47만 시간 이상의 텍스트 및 음성 데이터를 학습했고, 100여 개의 언어를 지원한다. 스피치를 스피치로 통역할 경우 영어, 중국어, 한국어 등 35개 언어를 지원한다. 특정 언어로 말하면 이것을 3가지 언어로 동시에 통역해준다.[7]

앞으로 챗GPT와 같은 생성형 인공지능 기술이 이러한 앱에 통합되고 비전 프로 같은 혼합현실 헤드셋과 만나면, 우리는 더욱 정밀하고 신속한 자동 동시통역의 시대를 맞게 될 것이다. 줌, 페이스타임과 같은 화상 회의 서비스나 아바타를 통한 가상세계 내 소통에서 언어나 발음의 장벽도 사라지게 될 것이다. 이는 전 세계 어디서든 언어와 문화, 방언에 구애받지 않고 원활한 의사소통이 가능한 미래를 예고한다.

2024년 MT
미래기술의 수퍼스타, 생성형 인공지능

9 의심하는 순간 뒤처진다

강조하지만, 2024년 시장을 주도할 넘버원 기술은 생성형 인공지능이다. 경기의 일시적 침체에도 이 기술의 파동은 시장 전반에 끊임없이 영향을 미칠 것이다. 챗GPT를 비롯한 생성형 인공지능은 인공지능 역사 변화의 기준점이 될 정도의 변혁적 기술이다. IBM 딥블루나 구글의 알파고를 능가할 수준이다. 그렇기 때문에 주가 흐름이 아래로 향하더라도 생성형 인공지능의 업계 내 위상은 미동도 없을 것이다. 그리고 그 영향력은 시장 규모의 확장을 통해 더욱 두드러질 것이다.

2023년 세계적인 투자은행인 파이퍼 샌들러의 보고에 따르면, 2030년까지 생성형 인공지능 시장의 규모는 약 1,000억 달러에 이를 것으로 전망된다. 또한 권위 있는 시장조사기관인 그랜드뷰 리서치는 생성형 인공지능 시장이 연평균 34.6%의 높은 성장률을 보일 것으로 예상했다.[8] 알파벳의 CEO 순다르 피차이 역시 인공지능의 급속한 발전이 모든 기업의 제품에 깊은 영향을 줄 것이라는 전망을 밝혔다.[9] 이는 단순한 과장이나 환상이 아니다. 2024년은 생성형 인공지능과 결합된 혁신적인 기술과 서비스의 홍수가 시작되는 해가 될 것이다.

10 정부도 움직이기 시작했다

한국 정부도 이 흐름에 합류한다. 2024년 통계청은 국가통계포털KOSIS에 초거대 인공지능기술을 적용한 챗봇 '통계비서' 서비스를 시작한다. "서울의 합계출산율에 대한 정보가 필요한데 관련 통계를 못 찾겠어"와 같이 자연어로 요구 사항을 말하면 원하는 답을 얻을 수 있다. 통계청은 2024년에 초거대 언어모델 기반으로 통계 추천 및 유사통계 비교 및 분석 서비스, 통계 전문 질의 답변 서비스, 통계 해석 서비스 등을 제공하고 적합한 자료 분석 방법과 실제 통계량을 사용한 분석결과도 제시하려고 한다. 중장기로는 마이크로데이터(원자료)·내부자료까지 학습시켜 통계조사보

고서 초안까지 작성해 주는 서비스를 차례로 출시할 예정이다. 이 모든 서비스가 가능한 이유는 초거대 인공지능 기술 덕이다. 정부는 2024년도 역대급 짠물 예산안을 발표했다. 하지만 인공지능 관련 예산을 15.8% 증액해서 다양한 서비스를 개발한다는 목표다.[10]

11 삼성전자의 빅스비가 생활에 들어온다

2024년 삼성전자는 모든 가전에 자사 인공지능 '빅스비Bixby' 기반 생성형 인공지능 기술 탑재를 시작한다. 현재 삼성전자가 만드는 가전제품은 텔레비전부터 정수기까지 빅스비라는 이름의 인공지능 기술이 탑재되어 있다. 빅스비가 탑재된 기존 가전제품과 빅스비에 생성형 인공지능이 적용된 2024년 이후 가전제품의 차이점은 무엇일까?

삼성전자에 따르면, 현재 빅스비 서비스만 장착된 AI 가전은 "정해진 틀을 갖춘 하나의 정확한 목적 문장을 이해"하는 수준이지만, 생성형 인공지능 기술을 탑재한 AI 가전은 "두 가지 이상의 의미를 담고 있는 복합형 문장 이해"까지 가능하다. 더 나아가 고객의 생활과 동선을 파악하고 사용 패턴을 학습해 맞춤형 솔루션을 가전 스스로 제공하고, 사용자의 대화 맥락을 이해함으로써 좀 더 자연스러운 소통을 할 수 있다. 이를 위해 삼성전자는 가벼운 가전제품에 맞는 초저전력 신경망처리장치NPU도 개발 중이다.[11]

이처럼 2024년은 생성형 인공지능이 인간의 생활 방식, 소통, 상호 작용을 근본적으로 바꾸는 원년이 될 것이다. 생성형 인공지능을 탑재한 로봇과 인간이 협력하는 새로운 시대가 열릴 것이다. 개인 일상부터 교육과 교수학습 방식, 고객 서비스, 자산 관리, 금융 상품 개발, 보험, 법률, 교통 관리, 의료, 언론, 예술 등 사회 각 분야에서 거대한 혁신이 일 것이다.

12 2024년은 생성형 인공지능 확산의 초입 단계

신기술의 등장과 확산에는 보통 일정한 패턴이 있다. 기술에 대한 놀라움의 단계에서 시작해 저항, 그리고 적응과 순응으로 나아가고 마지막으로 그 기술이 주류로 퍼져 나가는 단계로 이어진다. 2023년 생성형 인공지능은 이 패턴의 초기 단계인 '놀람'과 '저항'을 겪었다. 2024년에는 적응과 순응을 거쳐 확산의 초입 단계에 진입할 것이다. 따라서 2024년에는 기술의 보급을 주도하는 기업 사이의 경쟁이 더욱 치열해질 것이다. 그 결과 초기 생성형 인공지능에 보였던 기술상 오류나 문제점이 빠르게 개선되면서 사용자의 일상 및 업무에서의 효율성이 높아질 것이다. 기술 확산 속에서 저항과 대립을 보였던 교육기관조차도 거스를 수 없는 변화의 파도를 받아들일 것이다.

더군다나 만약 2024년 경기 침체(2024년 경기 침체 가능성에 관한 자세한 논의는 170~190쪽 참조)가 발생한다면 기업은 생산원가 절감 차원에서 더더욱 생성형 인공지능 활용 속도를 높이려고 할 것이다. 이렇게 달아오른 분위기에서 생성형 인공지능을 활용하지 않는 이들 사이에는 이 기술을 몰라서 사회에서 소외되지 않을까 하는 불안감(포모 FOMO: Fear Of Missing Out)이 생겨날 것이다. 이른바 '생성형 인공지능 FOMO 증후군'이라고 부를 현상의 출현이다.

1917년 미국 뉴욕. 지금 우리에게 어떤 이동수단을 선택하겠냐고 묻는 듯한 풍경이다. 마차냐, 전기 트롤리냐, 두 다리냐. 개인 삶이나 산업이나 국가나 갈림길에서의 선택이 중요하다.

13 AI가 경제학을 바꾼다

생성형 인공지능의 파괴력에 대한 또 다른 얘기를 해보자. 2023년 7월 14일 이미지 생성형 인공지능의 선두주자인 '스태빌리티 AI'의 창립자이자 CEO인 이마드 모스타크Emad Mostaque는 놀라운 전망을 펼쳤다. 그는 생성형 인공지능이 생산원가의 근본적인 혁신을 이끌어내어 인류 역사상 최대의 디플레이션 효과를 초래할 것이라고 보았다.[12] 만약 이러한 변화가 현실화된다면, 지금까지의 경제학 교과서를 뒤흔들며 학계의 주요 연구 주제로 부상할 가능성이 크다. 2022~2023년 40년 만에 최고 인플레이션 상황을 경험한 우리에게는 쉽게 와 닿지 않는 가정이다.

이마드 모스타크의 예측을 경시해서는 안 된다. 세계 주요 경제 대국, 특히 미국에서 서비스 산업의 비중은 이미 압도적이다. 2024년은 이 서비스 영역에서 생성형 인공지능의 도입과 확산이 본격화되는 기점이 될 것이다. 스탠포드대학의 연구에 따르면, 포춘 500의 주요 소프트웨어 회사에서 생성형 인공지능을 활용하는 직원은 그렇지 않은 직원보다 생산성이 약 13.8%나 높았다. 특히 초보나 저숙련 근로자의 경우 그 차이는 무려 35%에 달했다.[13] 이 사실은 주목할 만하다. 생산성은 우리가 서비스나 제품을 얼마나 효율적으로 생산하는지를 반영하는 지표이다. 여기에는 노동, 자본, 원재료의 생산성 등이 포함된다. 생성형 인공지능, 예를 들면 챗GPT는 노동생산성과 자본생산성의 큰 진전을 주도하고 있다. 2024년 경제적 불확실성과 생성형 인공지능의 확산이 조합되면, 경제학자들의 예상을 뛰어넘는 빠른 인플레이션 하락이 이루어질 가능성이 있다.

14 생성형 AI의 힘을 의심하지 말라

생성형 인공지능은 임시적 현상이 아니다. 마이크로소프트 공동 창업자 빌 게이츠의 평가도 마찬가지다. 2023년 3월 21일 그는 챗GPT 등 생성형 인공지능에 대해 1980년 그래픽 사용자 인터페이스GUI 등장 이후 자기 인생에서 겪는 가장 혁신적인 기술 발전이라고 평가했다. 그는 AI의 중요성을 '마이크로프로세서 탄생, PC 등장, 인터넷 확산, 휴대전화 혁신'만큼이나 근본적이라고 강조했다.[14] 엔비디아 CEO 젠슨 황도 생성형 인공지능이 모든 산업을 재창조하는 데 핵심이 될 것이라고 예측했다.[15]

기억할 것은, 생성형 인공지능의 위력은 관련 기업의 주식 가격 요동과 상관없이 기술 그 자체로 시장을 흔드는 거대한 힘이라는 사실이다.

2024년 MT
2세대 AI 반도체가 중요하다

15 2세대 AI 반도체는 연산 속도 10배 빠른 NPU

2024년 인공지능의 힘은 단순히 서비스 산업을 넘어서 확장된다. 생성형 인공지능과 초거대 인공지능 기술의 발전은 그 기술을 지원하는 AI 반도체 및 클라우드 서비스 분야에도 혁신을 불러온다.

AI 반도체는 AI 기술의 본질적인 연산을 위해 설계된 고도화된 반도체이다. 1세대 AI 반도체는 학습, 분석, 추론의 복잡한 연산을 CPU(중앙 처리 장치)와 GPU(그래픽 처리 장치) 통합 체계로 해결했다. 2세대 AI 반도체는 NPU(Neural Processing Unit) 즉, 신경망 처리 장치로 해결한다. 인간의 뇌가 데이터를 처리하는 방식에 착안해 만든 NPU는 GPU 대비 연산 속도는 10배 빠른 반면, 가격과 사용 전력량은 4분의 1 수준이다. 3세대 AI 반도체는 인간의 뉴런 구조를 반도체 기술로 모방한 뉴로모픽(Neuromorphic, 신경모사)으로 발전할 것으로 예상된다.

16 AI 반도체를 둘러싼 거인들의 전쟁

우선 2023년 반도체 산업을 살펴보자. 2023년에는 챗GPT와 같은 언어 생성형 인공지능의 등장과 확산에 힘입어 1세대 AI 반도체인 GPU가 소중한 자원으로 주목받았다. 1세대 AI 반도체 시장의 90%를 점유하고 있는 엔비디아의 시가총액이 2023년 6월 기준 1조 달러(1,300조 원)를 돌파했다. 엔비디아의 고성능 GPU 칩 'H100'은 공급이 수요를 따라가지 못해서 대기 기간이 1년이나 걸릴 정도다. 시간이 생명인 스타트업 입장에서는 GPU 칩을 확보하지 못하면 기술개발 기회 자체를 가질 수 없다.[16]

2024년은 다를까? 1세대 AI 반도체 확보 및 개발 경쟁이 더욱 심해질 가능성이 높다. 2023년 기술 트렌드를 보면, 애플 M 시리즈와 퀄컴 스냅드래곤 8cx 3세대와 같은 ARM IP 기반 프로세서에만 AI 반도체가 탑재되어 있었다. 그러나 2024년 AMD와 인텔 또한 이 흐름에 편승하며 개인용 PC와 노트북 프로세서에 AI 엔진을 도입할 것으로 예상된다. 마이크로소프트가 윈도우 OS와 오피스 프로그램에 AI 기반 '코파일럿'을 도입하는 것도 이러한 변화의 주요 동기 중 하나로 작용한다.[17] 따라서 2024년부터는 로컬 컴퓨터에서도 생성형 인공지능의 활용이 확대될 것이다.

마이크로소프트는 2019년부터 챗GPT와 같은 초거대 언어모델을 운영할 수 있는 코드명 '아테나'라는 자체 AI 칩을 개발하고 있다. 현재 오픈AI에서 시험 테스트를 진행 중이다. 성공하면 엔비디아가 독점하고 있는 시장 판도에도 영향을 줄 수 있다. 아마존, 구글도 자체 AI 칩 개발을 진행 중이다. 마이크로소프트는 2024년 초 마이크로소프트와 오픈AI에서 아테나를 사용할 계획이다.[18]

2023년 9월 중국 화웨이가 엔비디아 A100와 맞먹는 성능을 가진 GPU 개발에 성공했다. A100급의 중국산 GPU 개발은 태풍의 눈이다. 미국은 중국의 AI 기술 발전을 막기 위해 엔비디아 등에 GPU 대중국 수출 제한 조치를 실시 중이다. 이전까지 중국은 자국산 GPU가 없었다. 하지만 2024년부터는 달라진다. 화웨이가 GPU를 대량 생산하면 해당 산업은 물론 대중국 기술 제한 정책에 변화가 발생한다. 물론 화웨이가 개발한 GPU는 엔비디아와 비교해 1~2년 뒤처진 수준이다. 2023년 엔비디아가 발표한 차세대 제품 H100 GPU는 기존의 A100 대비 9배 더 뛰어난 처리 성능을 보유한다. 하지만 중국 정부의 반도체 자립 정책 바람을 타고 화웨이가 중국 내 시장점유율을 높일 것은 분명하다. 이미 중국 내 여러 개발자들은 화웨이 GPU인 어센드 910 Ascend 910와 어센드의 SDK(소프트웨어 개발 키트)를 사용 중이다. 만약 미국이 대중국 기술 제재를 계속하고 그에 대항해 중국이 자국산 GPU와 SDK 사용을 밀어 붙인다면, 미국산 제품은 중국 시장에 영원히 발을 못 딛는 결과도 빚어질 수 있다. 엔비디아가 전 세계 AI 반도체 시장을 독점하는 결정적 힘은 인공지능 소프트웨어를 제작할 때 사용하는 개발 도구인 'CUDA'라는 툴킷 때문이다.[19]

2024년에는 전기자동차와 언어 생성형 인공지능 기술과의 접목에 AI 반도체가 사용되는 것은 물론이고 실시간 도로 인식 및 돌발 상황 대응 기술에도 적극 도입될 것으로 예상된다. 이에 따라 자율주행 자동차의 기술 경쟁은 더욱 격화될 것이며, 이러한 분위기는 AI 반도체의 중요성과 기대감을 더욱 부각시킬 것이다. 1세대 AI 반도체 확보 경쟁이 심해질수록, 2세대 AI 반도체인 NPU의 기술 개발과 생산 경쟁도 들끓어 오를 것이다. 따라서 2024년은 AI 칩 생산이 임계점을 넘어가기 시작하는 해가 될 것이다.

17 경기 침체가 오면 꼭 투자해야 할 곳

2024년 경제의 불확실성이 발생하면 주식시장의 변동성을 동반할 것이다. 그러나 광범위한 유동성의 영향으로 이러한 불안정성은 장기간 지속되지 않을 것이다. 필자가 미국의 지난 100년 간 경제 추세를 분석한 결과에 따르면, 경기 침체는 6~18개월 내에 끝난다. 주식시장은 대폭락이 시작되고 1~3개월 안에 반등을 시작한다.(분석의 구체적 방법은 3장 이후 참조) 이번에도 비슷한 패턴을 보일 가능성이 크다. 주식시장이 무너지는 순간, 반등 시기를 노리는 투자자들은 더욱 민첩하게 반등을 대비할 것이다. 당연히 그들의 첫 번째 관심은 반도체 산업 특히, AI 반도체 기술을 보유한 기업에 집중될 것이다. 전문 리서치그룹 가트너의 2023년 분석을 통해 AI 반도체와 클라우드 시장의 미래를 엿볼 수 있다. 가트너에 따르면, 2023년 AI 반도체 시장의 규모는 550억 달러(약 72조 원), 클라우드 시장은 대략 4,820억 달러(635조 원)로 평가되며,[20] 이들의 연간 성장률은 대략 20%에 달한다.[21] 경제 흐름에 대한 불확실성이 커지거나 경기 침체가 일어나더라도 이 두 시장의 성장 전망에 변함이 없을 것으로 예상하기 때문이다. 이에 따라 이 두 섹터를 선도하는 기업의 주가도 가장 빠른 회복을 보일 것이다.

18 메모리 반도체와 네트워크 반도체의 재도약

생성형 인공지능과 초거대 인공지능의 급속한 발전으로 수혜를 입는 영역이 더 있다. 메모리 반도체와 네트워크 반도체 산업이다. 생성형 인공지능과 초거대 인공지능 기술의 확산으로 D램 시장에서 중요한 역할을 하는 서버 분야의 주력 제품이 DDR4에서 DDR5로 전환 중이다. 2023년 5월 18일 삼성전자는 최첨단 12나노급 공정을 통해 16Gb(기가비트) 더블데이터레이트5DDR5 D램의 양산을 시작했다. 이는 서버 시장에서의 주도적 위치를 확고히 하기 위한 삼성전자의 전략적 움직임으로 해석된다. 이러한 전략은 산업 내 경쟁사에게 새로운 기준을 제시하며, 미래기술에 대한 그들의 기대와 야심을 선명하게 드러낸다.

뱅크오브아메리카BofA가 인공지능 열풍의 대표적 수혜주로 브로드컴과 마벨 테크놀로지 등 네트워크 반도체 업체를 꼽은 것도 주목해야 한다. 네트워크 반도체는 보통 네트워킹 장비나 시스템에서 데이터 라우팅, 전송, 보안, 프로토콜(통신) 지원 등을 담당하는 반도체다. 생성형 인공지능과 초거대 인공지능은 대량의 데이터를 처리하고 학습해야 한다. 초거대 인공지능 모델은 단일 장비에서 학습이나 추론이 어려워 여러 장비나 서버에 데이터를 분산시켜 처리해야 하는 번거로움이 따른다. 이를 해결하려면 높은 처리 능력과 데이터 전송 속도 및 효율적인 데이터 전송을 뒷받침할 고성능 네트워크 반도체가 필요하다.

사물인터넷IoT 및 모바일 장치에서의 생성형 인공지능과 초거대 인공지능은 에지 컴퓨팅Edge Computing의 중요성도 증가시킨다. 에지 컴퓨팅에서는 중앙 서버 대신 단말 장치 근처에서 데이터 처리가 이루어지기 때문에 빠른 네트워크 반응 시간과 고효율의 네트워크 반도체가 필요하다. 데이터 보안과 개인 정보 보호의 중요성이 커지는 것 또한 강력한 보안 기능을 내장한 네트워크 반도체의 개발 및 적용을 촉진시키는 요인이다. 이런 이유들로 네트워크 반도체는 생성형 인공지능과 초거대 인공지능의 발전과 함께 그 중요성과 역할이 점점 커진다.

2024년 MT
인공지능의 품질을 결정하는 벡터 데이터베이스

19. 클라우드 플랫폼이 부각되는 이유

생성형 인공지능과 초거대 인공지능 산업에서 주요 경쟁은 알고리즘 개발, AI 반도체 개발과 생산, 클라우드 서비스 등에서 일어난다. 가트너의 시드 내그Sid Nag 리서치 부사장은 "생성형 인공지능은 대규모 언어모델LLM의 지원을 받는데, LLM은 실시간 데이터 처리를 위해 강력하고 확장성이 뛰어난 컴퓨팅 기능을 요구한다. 클라우드는 여기에 딱 맞는 솔루션과 플랫폼을 제공한다"라고 말했다.[22] 생성형 인공지능과 초거대 인공지능 서비스에서 클라우드 서비스의 중요성이 부각되는 이유는 다양하다.

첫째, 연산 능력 때문이다. 초거대 인공지능은 대규모의 데이터와 복잡한 모델을 처리하기 위해 엄청난 연산 능력을 필요로 한다. 클라우드 서비스는 필요에 따라 확장 가능한 연산 능력을 제공하여, 연구자와 기업이 초기에 큰 투자 없이 고성능 연산을 수행할 수 있게 한다.

둘째, 데이터 저장 문제다. 생성형 인공지능은 학습을 위해 대량의 데이터를 필요로 한다. 클라우드는 이런 대량의 데이터를 안전하게 저장하고 관리할 수 있는 인프라를 제공한다.

셋째, 접근성이다. 클라우드 서비스를 통해 전 세계 어디에서나 인터넷 연결만 되면 연구자와 개발자가 자신의 모델에 접근하고 학습 및 추론할 수 있다.

넷째, 분산 처리가 주는 힘이다. 클라우드 인프라는 분산 처리를 지원하므로 복잡한 AI 작업을 여러 서버 또는 장치에서 동시에 처리할 수 있다. 이는 특히 초거대 인공지능 모델의 학습과 추론에서 중요하다.

다섯째, 업데이트와 유지 보수의 용이성이다. 클라우드 기반의 서비스는 지속적인 업데이트와 유지 보수가 쉬워서 최신 AI 연구나 기술을 빠르게 적용해 볼 수 있다.

여섯째, 경제성이다. 클라우드는 '사용한 만큼만 지불'하는 비용 구조를 가지고 있어, 기업이나 개인 연구자가 초기에 큰 비용을 들이지 않고 AI 서비스를 이용할 수 있다.

마지막으로, 협업이다. 클라우드는 여러 사용자가 동시에 같은 데이터 세트data set나 모델에 접근하고 작업을 수행할 수 있게 해서 팀 간 협업을 쉽게 만들어 준다.

20 벡터 데이터베이스란 무엇인가?

앞서 제시한 많은 장점에도 불구하고 기존 클라우드 서비스는 치명적인 단점이 하나 있다. 구조화된 데이터나 문서 데이터를 저장하고 검색하는 데만 최적화되어 있어 고차원 벡터 데이터에 대한 특화된 처리가 미흡하다는 점이다.

생성형 인공지능과 같은 고급 AI 모델은 텍스트, 이미지, 음성 등 다양하고 복잡한 데이터를 처리한다. 이러한 데이터는 종종 고차원 벡터로 전환하여 벡터 데이터 간 유사성을 계산하는 것이 성능 향상에 효과적이다. 예를 들어, 챗GPT 같은 생성형 언어모델이 문맥의 의미를 잘 분석하고 예측하는 이유도 단어를 고차원 벡터 데이터로 처리하여 연산하는 덕분이다. 이는 자연어 처리NLP에서 핵심 기술로, 단어나 문장의 의미를 벡터로 수치화함으로써 컴퓨터가 이해할 수 있도록 하는 것이다. 단어나 문장의 의미를 벡터화하는 방법은 다양하다. 단어를 유니크한 벡터로 표현하거나 One-Hot Encoding, 단어를 저차원의 실수 벡터로 표현하거나 Word Embedding, 단어의 중요성을 표현하는 가중치를 사용하여 벡터로 변환하거나 TF-IDF; Term Frequency-Inverse Document Frequency, 딥러닝 기반의 언어모델을 사용하여 문맥을 고려한 후 단어나 문장의 벡터를 생성하는 것(BERT, ELMo 등)이 있다.

21 벡터 데이터베이스 기업에 주목하라

벡터 데이터베이스는 고차원 벡터 데이터를 저장, 검색, 비교하는 데 특화된 데이터베이스를 가리킨다. AI 서비스에서 사용자에게 실시간으로 응답하는 것은 중요하다. 벡터 데이터베이스는 빠른 검색 성능도 제공하기 때문에 실시간 서비스에 필요한 빠른 응답 시간을 지원할 수 있다. 2024년 인공지능 산업의 성장과 복잡성이 확대됨에 따라, 벡터 데이터베이스 기업의 중요성도 커질 것으로 예상된다. 당연히 벡터 데이터베이스는 독자적으로 발전하지 않는다. 기존의 클라우드 시스템과 결합하여 생성형 인공지능과 초거대 인공지능 산업에 높은 확장성을 제공하게 될 것이다.

벡터 데이터베이스는 발전 가능성도 크다. 제4차 산업혁명의 특징 중 하나는 비정형 데이터가 폭발적으로 증가한다는 것과 이 비정형 데이터를 활용해 인간, 인공지능, 사물, 로봇의 지능이 향상된다는 사실이다. 그런데 비정형 데이터들은 고차원 벡터 데이터 처리가 필수다. 예를 들어보자. 자율주행 자동차는 많은 센서와 카메라를 사용하여 주변 환경을 인식한다. 이러한 센서에서 수집된 데이터는 종종 고차원 벡터 형태로 변환되어 처리될 수 있다. 라이다 LiDAR 센서에서 수집된 3D 포인트 클라우드 데이터는 고차원 벡터로 표현될 수 있다. 이러한 데이터를 효과적으로 저장, 검색, 비교하는 데 벡터 데이터베이스가 효과적이다. 자율주행차가 다른 차량, 보행자, 장애물과의 거리나 상대적 위치를 계산할 때도 벡터 연산이 중요한 역할을 할 수 있다.

벡터 데이터베이스는 뇌 연구 분야와 연결된다. 뇌 연구에서는 뇌 활동과 관련된 데이터를 수집하기 위해 fMRI, EEG 등 다양한 기술을 사용한다. 이러한 데이터도 고차원 벡터 형태로 변환되어 분석될 수 있다. 뇌의 특정 영역이나 신경망의 활동 패턴을 벡터로 표현하고 이를 다른 패턴이나 상태와 비교하고자 할 때 벡터 데이터베이스의 사용이 효과적이다. 뇌-컴퓨터 인터페이스BCI 같은 기술도 실시간 데이터 처리 및 분석이 필수다. 이 때도 벡터 데이터베이스가 유용하게 사용될 수 있다.

2024년 MT
교실로 들어오는 AI 에듀테크

22 AI 디지털 교사의 등장

2025년 우리나라 교육부는 AI 기반 디지털교과서

서비스를 국내 학교에 전면 도입한다. 2025년에는 초등학교 3·4학년, 중학교 1학년, 고등학교 공통·일반 선택과목에 도입한다. 2026년에는 초등학교 5·6학년, 중학교 2학년에 도입하고, 2027년에는 나머지 학년과 교과과정에 전부 도입한다. AI 디지털교과서가 학교 현장에서 AI 보조교사 역할을 맡아서 학생 개인별 맞춤 학습을 지원한다는 취지다.

AI 기술이 장착된 디지털교과서 자체가 학생의 실력을 진단 평가하고, 이를 바탕으로 메타버스, 확장현실XR, 음성인식 등의 다양한 에듀테크 기술을 적용하여 수준별 맞춤 학습을 제공한다. 교육부가 학생들에게 제공하는 AI 디지털교과서의 질은 편찬 발행사의 에듀테크 역량에 달려 있다. 교육부는 학교에 서책형 교과서와 AI 디지털교과서의 발행사를 서로 다르게 선택할 수 있는 재량권을 허용할 예정이다.

이 정책이 시행되면 인공지능 기반 에듀테크 스타트업과 구글, 마이크로소프트, 네이버 등의 빅테크 기업이 AI 디지털교과서 및 공교육 시장에 뛰어들 수 있는 기회가 열린다.[23]

23 미래는 생존학습의 시대

AI 에듀테크는 기술기업에게 끝없는 가능성의 땅이다. 특히 초거대 인공지능 및 생성형 인공지능 기술이 등장하면서 기술기업이 교육 분야에 진출하는 속도가 빨라졌다. 그들의 기회는 공교육 시장에만 국한되지 않는다. 필자가 미래 트렌드 중 하나로 꼽는 '생존학습Survival Learning' 관점에서 보면 교육 시장 전체가 그들에게 활짝 열려 있다.

지금 사회는 매일이 일자리 전쟁이라는 말로 표현될 만큼 구직 경쟁이 치열하며, 이러한 경쟁은 모든 세대에 걸쳐 펼쳐지고 있다. 100세 시대에 이르러 사람들은 최소 60년 이상 직업 활동을 해야 한다는 현실에 직면하게 되었다. 이는 곧 일자리 불안과 경쟁 심화를 의미한다. 미래 산업은 우리에게 놀라운 경험과 풍요로운 라이프스타일을 제공하겠지만 동시에 주력 산업에 변화를 불러와 직업적 불안과 경쟁을 부추길 것이다.

인공지능의 급속한 발전과 로봇화도 인간의 일자리 안정성을 위협하는 새로운 요인이다. 로봇이 비용 효율적인 노동인력으로 등장하면서 기존의 많은 인간 일자리가 줄기 시작했다. 미래에는 자동화 장비, IoT, 인공지능, 자율주행 로봇 등이 통합된 첨단 자동화 시스템이 더욱 확산되며, 그에 따라 인간의 개입이 적거나 필요하지 않는 영역이 확대될 것이다. 먼 미래에 인공지능 로봇은 단순 계산, 기억, 검색 같은 지적 노동뿐만 아니라 더욱 복잡하고 다양한 신체적 노동까지 맡을 것이다.

이러한 미래 변화에 발맞춰 성인 교육 시장도 크게 바뀌고 있다. 교육 대상이 기업 중심에서 개인 중심으로, 직장인에서 주부, 은퇴자, 노인으로 확대되고 있으며, 교육의 형태와 플랫폼 또한 디지털 시대에 맞게 달라지고 있다. 성인이 교육을 받는 목적도 크게 바뀌고 있다. 단순한 지식 습득이나 관심을 넘어 생존과 경쟁력 확보를 위한 학습을 추구한다. 이러한 트렌드가 바로 '생존학습'이다.

생존학습 트렌드를 반영하듯 성인 교육 시장이 급성장하고 있다. 현재 국내에서의 미성년자 교육 시장은 약 20조 원의 규모에 달하며, 국내 성인 교육 시장은 2조 원, 기업 교육 시장은 3~4조 원, 에듀테크 시장 규모는 4~5조 원으로 추정된다. 저출산, 고령화, 평균수명 연장 추세를 반영하면 앞으로 미성년자 교육 시장의 성장은 점차 정체된다. 하지만 성인 교육 시장은 지속적인 학습 필요성과 직업 경쟁력 향상 욕구가 커짐에 따라 교육 수요가 증가하면서, 미래에도 지속적으로 확장될 것으로 예측된다.

24 언어 경계 허물어져 K교육이 글로벌 비즈니스가 된다

전통적으로 교육 시장은 국가와 언어의 경계가 뚜렷했다. 그러나 언어 생성형 인공지능의 등장으로 이런 경계는 점차 허물어지고 있다. 이는 한국의 교육 기업에게 새로운 글로벌 기회를 제공한다. 이를 'K교육'이라 칭하자. K교육은 미래의 주요 수출 서비스 중 하나가 될 것이다.

K교육의 장점은 남다른 학습 노하우와 '1타 강사'로 불리는 최고의 교사진이다. 국제화와 글로벌 트렌드에 힘입어 대부분의 국가에서 학생이 배우는 학과 과목의 내용과 수준은 크게 다르지 않다. 대다수의 학생은 학습 내용뿐만 아니라 학습 방법, 시험 전략 등에 대한 양질의 정보를 찾고 있다. 디지털화와 가상 플랫폼의 글로벌화는 한국만의 교육 노하우를 전 세계와 공유할 수 있는 환경을 제공하며, 이는 한국 교육의 글로벌 진출을 가능하게 한다. 생성형 인공지능을 축으로 한 혁신적인 아이디어 하나만 있어도 한국 교육 서비스가 글로벌 무대에서 혁명을 일으킬 수 있다. 일례로,

메타가 선보인 '너디파이 봇' 같은 AI 챗봇은 수학과 과학 분야에서 놀랄만한 응답 효율성을 보여주며 미래 교육의 혁신 가능성을 제시했다. 교육은 변화가 느린 분야라는 인식은 과거의 것이다. 선진국의 교육 풍경은 이미 초거대 인공지능과 빅데이터로 재편되고 있으며, 가상현실, 홀로그램과 같은 첨단 기술이 가장 활발하게 도입되고 있는 영역 중 하나로 떠오르고 있다.

25 에듀테크 각축전 시작됐다

2019년 한해 미국의 에듀테크 투자 규모는 16억 6천만 달러에 달했다. 2009년만 해도 미국 교육 시장에서 오프라인 교육은 77%를 차지했지만 단 10년 만에 32%로 급격히 축소되었다. 마이크로 러닝, 이러닝, 버추얼 클래스룸, 인공지능 기반 교육 앱 등 혁신적인 에듀테크 서비스가 교육 시장을 빠르게 장악했기 때문이다.[24]

영국도 발 빠른 행보를 보인다. 에듀테크 분야에서 활발한 혁신을 주도하는 기업이 1000개가 넘을 정도로 교육기술 분야에서 선도적인 위치를 점하고 있다. 중국은 어느 나라보다 에듀테크 분야에 열정을 쏟는다. 전 세계에서 가장 많은 에듀테크 유니콘 기업을 보유하고 있을 뿐만 아니라 에듀테크에 대한 투자 규모도 세계 1위를 기록한다.[25] 이러한 국제적인 경쟁 상황 속에서 구글, MS, 애플, 메타, 네이버, KT, SK텔레콤, LG유플러스와 같은 글로벌 기술 거인도 자체적인 생성형 인공지능 기술을 활용해서 전투에 참여할 준비를 시작했다.

26 K교육에 새로운 황금의 땅 열린다

전 세계의 교육 서비스 시장이 인공지능과 디지털 기술을 중심으로 빠른 속도로 변화하고 있는 데는 여러 이유가 있다. 첫째, 이 시장은 황금의 땅 엘도라도이다. 시장조사업체 홀론IQ는 2025년 전 세계 교육 시장 규모를 7조 8천억 달러로 추정했다.[26] 특히 에듀테크 시장은 매년 25~30%씩 성장한다. 둘째, 인공지능 기술 중심의 시장 진입 전략이 가능하게 되었다. 다시 말해, 인간 지식인 중심의 교육 방식에서 벗어나 기술에 기반한 교수 학습의 효율성과 확장성을 높이는 새로운 패러다임 시대로 접어들었다. 셋째, 교육은 강력한 글로벌 플랫폼 서비스를 만들 수 있는 달콤한 분야다. 전 연령층을 대상으로 한 교육 서비스 수요가 폭발적으로 증가하는 흐름 속에서 선도자 위치를 점하는 기업은 강력한 플랫폼으로 거듭날 기반을 확보하게 된다. 글로벌 교육 플랫폼을 장악하면, 교육 서비스에서 수익만 창출하는 것이 아니다. 쇼핑, 게임, 디지털 화폐 등 미래 다양한 분야로의 확장 가능성이 열린다. 글로벌 시장에서의 변혁을 주도하는 시장 파괴자로 부상할 기회도 거머쥘 수 있다.

2024년 MT
생성형 인공지능과 가상인간의 만남

27 가상인간, 시장의 발전이 느린 이유

글로벌 시장조사업체 이머전리서치는 세계 가상인간 시장 규모가 2020년 13조 원에서 2030년에는 약 680조 원으로 50배 이상 성장할 것으로 전망했었다.[27] 2020년 8월에 선보인 한국 1호 가상인간 로지Lozy는 2022년 한 해에만 광고모델과 홍보대사 등 상업 활동으로 약 20억 원의 수익도 냈다. 하지만 이런 장밋빛 전망이나 스타 가상인간의 등장의 이면은 다르다. 2023년까지 글로벌 시장에 선보인 가상인간의 수는 수천 명 수준에 불과하고 왕성한 활동을 보여주는 가상인간은 한 손에 꼽을 정도다. 대부분의 가상인간은 신기함만 불러올 뿐 차별적 경쟁력이 없어서 수익도 거의 없다.

가상인간 시장의 성장이 더딘 이유는 무엇일까? 로지와 같은 성공 스토리를 재현하려면 단순히 기술적 발전만으로는 충분하지 않다. 최근 딥페이크와 딥보이스와 같은 인공지능 기술 발전으로 제작 시간과 비용은 감소했다고 하나 가상인간이 상업적 영역에서 지속적으로 수익을 내는 문제는 그리 간단하지 않다. 엔터테인먼트 분야에서 가상인간 기술의 활용은 점차 증가하는 추세이지만 하나의 가상인간을 스타처럼 장기간 관리하고 활용하는 것은 별도의 고민과 전략이 필요하다.

28 누구나 가상인간을 개인 비서로

예측하건대, 2024년 전후 가상인간 기술은 일반 대중이 개인 단말기를 통해 접근하고 활용할 수 있는 서비스로 전환하는 움직임을 보일 것이다. 가상인간 제작 비용이 낮아지면서 대중화가 가능한 단계에 진입했고, 생성형 인공지능의 등장으로 사용자와 자유로운 대화가 가능한 기술적 환경이 만들어졌다. 생성형 인공지능은 이미지나 동영상 생성이 가능하고 스스로 코드 짜는 기능도 갖췄기 때문에 가상인간 제작 과정도 단순화할 수 있다.

가상인간 기술과 챗GPT 기술이 만나면 다양한 서비스가 탄생한다. 가장 먼저 꼽는 영역은 개인 비서다. 사용자의 스마트폰이나 컴퓨터에서 작동하는 가상인간 비서는 사용자의 일정 관리, 알림, 메시지 전송, 정보 검색 등 다양한 업무를 대신 처리할 수 있다.

가상 친구도 인기를 끌 수 있는 아이디어다. 입원 중인 환자나 노인 등 소통이 필요한 사용자에게 정서적 지지자가 되고 대화 파트너로서의 역할을 하는 가상 친구 서비스를 제공할 수 있다. 가상인간과의 대화를 통해 사회적 공감 능력, 의사소통 능력, 감정 관리 등의 스킬을 훈련하는 프로그램을 개발할 수도 있다.

어린 학생이나 성인 학습자에게 개인 맞춤식의 교육을 제공하는 가상 교사나 코치 역할을 부여할 수도 있다. 개인화된 가상 교사는 학습 진행 상황에 따라 적절한 학습 자료와 피드백을 제공할 수 있다. 개인 유튜버의 경우 자신을 대신하는 가상인간을 쉽게 만들 수 있다면 콘텐츠 제작을 포함한 다양한 창조적 사용도 가능해질 것이다. 소상공인이나 자영업자에게도 유용하다. 생성형 인공지능 기술이 접목된 가상인간을 재고 관리, 상품 추천 등 다재다능한 비즈니스 도구로 사용할 수 있다. 홈쇼핑에 출연하는 쇼호스트로서의 가상인간은 아직 낯설지만 개인 사용자 단말기에서 쇼핑 조언자로서 할 일은 많다. 사용자의 쇼핑 선호도와 스타일에 맞는 제품을 추천하거나 새로운 트렌드, 패션 정보를 제공하는 시장은 꽤 크다. 사용자가 가상 현실을 통해 여행할 때 가상 여행 가이드가 되어 도시와 관광지에 대한 정보와 역사를 설명할 수도 있다. 가상의 의료 상담사가 되어 기본적인 증상 체크나 의료 정보 제공, 병원 예약 등의 서비스를 제공할 수도 있다.

29 메타버스는 한여름 밤의 꿈이었나?

성공한 빅테크 기업들의 공통 비결 중 하나는 콘텐츠 생성의 힘을 일반인에게 부여했다는 것이다. 이들 기업은 직접 콘텐츠를 생산하지 않았다. 인터넷의 성장 동력 역시 개인이 스스로 끊임없이 콘텐츠를 제작하고 공유하는 데 있었다. 2021~2022년 최고의 화제는 메타버스였다. 관련 책이 쏟아져 나왔고 기업도 너나없이 메타버스 기술에 투자했다. 글로벌 빅테크 회사인 페이스북은 사명을 '메타'로 바꾸기도 했다.

하지만 코로나19가 끝나가면서 메타버스의 인기는 순식간에 허물어졌다. 정보통신정책연구원에 따르면, 2022년 우리나라 국민의 메타버스 이용률은 4.2%에 불과했다. 10대 미만(20.1%), 10대(19.1%) 두 연령대에서 두 자릿수를 기록한 덕분에 4%대라도 유지했다. 월트 디즈니는 메타버스 개발 부서를 폐쇄했고, 마이크로소프트는 메타버스 서비스 알트스페이스의 VR(가상현실) 서비스를 종료했다. 메타의 마크 저커버그조차 메타버스라는 단어 대신 생성형 인공지능을 자주 언급하는 쪽으로 돌아섰다.[28] 이유가 무엇일까?

핵심은 콘텐츠의 부재와 소극적인 상호작용에 있다. 생성형 인공지능은 메타버스 산업의 이러한 한계를 극복하는 열쇠가 될 것이다. 온라인 RPG 게임에서 플레이어가 도전과 모험을 지속적으로 즐길 수 있는 원동력 중 하나는 게임 내 NPC 즉, 자동화된 캐릭터와의 교감에 있다. 메타버스에 생성형 인공지능을 결합하면 이러한 NPC가 더욱 똑똑하게, 사람처럼 행동하기 때문에 방문자의 몰입감을 높일 수 있다. 메타버스 안에서 개인화된 생성형 인공지능과 3차원 가상인간을 결합한 서비스를 제공함으로써 일반인에게 콘텐츠 생성의 힘을 부여하면 메타버스에 새로운 활력이 될 것이다. 혹시 그런 미래의 시작이 2024년은 아닐까?

2024년 MT
로우코드 대중화 원년 2024년

30 디지털 트랜스포메이션을 가속화하는 기술, 로우코드

2024년은 '로우코드 대중화'가 시작되는 해다. 이 트렌드 역시 생성형 인공지능 기술에서 비롯된 것이다. 로우코드LowCode는 코드를 최소화하거나 사용하지 않고 애플리케이션을 개발 가능하도록 하는 개발 방식 및 플랫폼을 의미한다. 주로 드래그 앤 드롭drag & drop(GUI를 제공하는 시스템에서 시각적인 객체를 클릭하면서 다른 위치나 다른 가상 객체로 끌어다 놓는 행위) 형태의 비주얼 인터페이스를 사용하여 개발자와 비개발자 모두에게 사용하기 쉬운 개발 환경을 제공한다는 특징이 있다.

1991년 미래학자 제임스 마틴(James Martin)이 프로그램 개발에 고속 애플리케이션 개발 방식을 사용하기 시작했다. 고속 애플리케이션 개발(RAD: Rapid Application Development)은 소프트웨어 개발 방법론 중 하나로, 프로토타입 모델을 빠르게 만들어 사용자에게 제공한 후 사용자로부터 받는 피드백을 프로토타입에 적용하는 과정을 반복함으로써 최종 모델을 완성하는 방식이다. 이런 방식은 전통적인 순차적 개발 프로세스보다 시장에 더 빠르게 진입할 수 있고, 사용자의 요구사항이 바뀌거나 추가되는 상황에 유연히 대응할 수 있어 사용자 참여와 만족도를 높인다는 장점이 있다.

고속 애플리케이션 개발 방식이 널리 사용되자 프로그램 개발에서 두 가지 중요한 트렌드가 나타났다. 바로 프로그램 코드의 '모듈화'와 '재사용'이다. 모듈화의 핵심은 큰 프로그램을 잘 정의된 작은 부분 즉, 모듈로 나누는 것이다. 이렇게 하면 각 모듈은 독립적으로 개발, 테스트 및 디버깅(프로그램 수정)될 수 있다. 또한 한번 작성된 모듈은 다른 프로젝트나 프로그램에서도 재사용할 수 있다는 장점이 있다. 이처럼 적절한 모듈화는 팀 생산성, 코드 품질, 소프트웨어의 장기적인 성공에 크게 기여할 수 있어서 효과적인 소프트웨어 설계와 개발을 위한 핵심 전략 중 하나로 정착했다.

고속 애플리케이션 개발 개념의 등장은 곧바로 '로우코드'라는 새로운 개념으로 이어졌고, 2010년대 초 오늘날과 같은 형태의 초기 로우코드 개발 플랫폼이 등장했다. 특히 최근 들어 많은 기업이 디지털 트랜스포메이션(디지털 전환)을 추진하면서 로우코드는 빠른 변화와 적응을 위한 중요한 도구로 자리 잡고 있다.

로우코드의 가장 큰 장점은 보이는 대로 코드가 자동으로 만들어지도록 한 비주얼 개발 환경을 제공함으로써 비전공자도 응용 프로그램 개발에 접근 가능할 만큼 개발 문턱을 낮췄다는 것이다. 이 외에도 빠른 프로토타이핑, 필요에 따라 특정 부분에 전통적인 코드를 추가하여 확장할 수 있는 확장성, 소프트웨어 개발의 속도와 효율성 증가, 비용 절감 등을 꼽을 수 있다.

31 70%의 앱이 로우코드로 개발된다

2024년에는 디지털 전환 압력이 더욱 거세지고 챗GPT 등 언어 생성형 인공지능의 기능 발전이 맞물리면서 로우코드 대중화가 시작될 가능성이 높다. 앞서 소개한 챗GPT4의 코드 인터프리터와 같이 사용자는 컴퓨터 언어를 몰라도 자연어로 프롬프트 창에 입력만 하면 앱이나 웹사이트를 만들 수 있다. 구글 AI챗봇 바드Bard도 자바, C++, 파이썬 등 20개 넘는 프로그래밍 언어를 통한 코딩 작업이 가능하다. 개발자에게 코드를 설명하거나 디버깅할 때도 유용하다. 그야말로 아이디어만 있으면 SW 개발 분야에서 활동할 수 있는 날이 코앞에 다가왔다.

2023년 LG CNS는 챗GPT를 기반으로 코드 생성에 자사 인공지능 기술을 적용하여 개발자의 코딩 업무를 지원하는 'AI코딩' 서비스를 개발했다. 물론 AI코딩 서비스가 프로그램 코드 전체를 스스로 작성하는 것은 아니다. 개발자의 업무 중에서 코드 변환, 일부 코드 생성, 코드 추천, 코드 품질검사 등을 지원한다. 특히 과거 시스템에 맞춰 개발된 코드를 현재 버전에 맞게 변환해주는 코드 변환에 뛰어나다. 최종 작성된 코드에 성능 저하나 시스템 오류가 생길 가능성이 있는지, 보안에 취약한 코드가 있는지 등의 품질 검사에 만족도가 높은 것으로 나타났다. 그래서 '개발자와 함께 하는 페어pair 프로그래머'라는 말이 붙는다. 이 서비스를 사용하면 개발자의 반복 작업이 획기적으로 줄어서 중요한 것에 집중하고 생각의 범위를 넓히는 데 도움을 준다. 업무 효율 향상은 기본이다. 앞으로 LG CNS는 AI코딩에 자사가 개발 중인 엑사원EXAONE과 LG가 전략적 투자를 한 앤스로픽 사가 개발한 LLM 클로드2Claude2도 적용할 계획이다.[29] 시장조사업체 가트너는 초거대 AI 덕분에 로우코드 플랫폼이 매년 45%씩 성장해 2025년까지 70%의 앱이 로우코드로 개발될 것으로 전망했다.[30]

32 자연어로 앱을 개발하려는 시도들

챗GPT의 코드 인터프리터 플러그인 기능이 로우코드 트렌드와 결합하면 어떤 변화가 일어날까? 더 적은 코드, 더 많은 자연어를 사용하는 로우코드가 가능해진다. 챗GPT의 코드 인터프리터도 그 자체로 자연어 기반의 로우코드 인터페이스 환경이다. 챗GPT의 코드 인터프리터를 사용하면 사용자가 복잡한 드래그 앤 드롭 인터페이스나 여러 메뉴를 통해 작업하는 대신, 자연어로 소프트웨어 제작 의도와 아이디어를 표현하면 원하는 1차 결과물을 즉각 얻을 수 있다. 예를 들어, "데이터베이스에서 최근 1년 동안의 판매 데이터를 가져와"라고 명령하면 코드 인터프리터가 알아서 코드를 스스로 생성하면서 작은 소프트웨어를 만들어 즉각 결과물을 내놓는다. 이 방식은 사용자가 한 줄의 코드도 작성하지 않는 방식이다. 하지만 복잡한 소프트웨어를 만들 때는 이런 방식으로는 힘들다. 이런 경우에는 챗GPT와 로우코드 플랫폼을 연결하여 사용하면 된다. 먼저 챗GPT를 사용하여 특정 로직이나 기능의 프로토타입을 빠르게 생성한 후 그 결과를 즉시 로우코드 플랫폼에서 확인하는 것이다. 기업에서 일반 직원이 필요로 하는 작업은 대부분 이 방법으로 충분하다.

챗GPT의 코드 인터프리터 플러그인 기능과 기존의 로우코드 트렌드와 결합하여 얻을 수 있는 시너지는 더 있다. 첫째, 사용자에게 손쉬운 교육 및 가이드가 가능하다. 챗GPT의 코드 인터프리터 기능은 로우코드 플랫폼의 사용자에게 동적인 도움말 및 튜토리얼을 제공할 수 있다. 사용자가 어떻게 플랫폼을 사용해야 하는지 자연어로 질문하면 챗GPT는 그에 따른 코드나 작업 방법을 제시하는 것이다. 둘째, 코드 최적화도 쉬워진다. 사용자가 로우코드 플랫폼에서 생성한 코드를 두고 챗GPT에게 "이 코드를 더 효율적으로 만들 수 있을까?"라는 질문을 하면 빠르고 쉽게 코드를 개선하고 최적화할 수 있다. 셋째, 챗GPT의 코드 인터프리터는 로우코드와 프로코드(전통적인 코드 작성 방식)의 다리 역할도 가능하다. 자연어 입력을 통해 복잡한 로직을 표현하고, 이를 프로코드로 변환하여 로우코드 플랫폼에 적용하는 것이 가능하기 때문이다. 최근에는 마이크로소프트의 '파워앱스' 같은 로우코드 개발도구 플랫폼도 생성형 인공지능 기술을 적극 도입하여 코파일럿과 대화하듯 자연어로 개발 작업을 지시하는 기능을 탑재하기 시작했다. 2024년에는 이런 가능성이 대중에게 빠르게 확산되면서 로우코드 대중화 트렌드가 시작될 가능성이 크다.

2024년 MT
제조업 패러다임도 바뀐다

33 자동화를 넘어 지능화 단계로

생성형 인공지능은 제조업의 패러다임도 바꾼다. 생성형 인공지능이 2~3년만 더 발전하면, 딥러닝 알고리즘 방식 기계학습이 접목된 자동화 수준을 넘어선다. 제조 환경에 인간을 뛰어넘는 지능이 부여되고, 인간과 자연어로 실시간 대화하는 생산도구가 등장하여 최적의 제품을 만드는 미래가 시작될 수 있다. 생성형 인공지능, 딥러닝 알고리즘 방식 기계학습이 로봇과 연결되면 제조 현장에서 인간과 로봇의 일하는 방식도 완전히 바뀐다.

공장에 기계 설비를 들여 놓는 것을 생산 '자동화' 단계라고 한다면, 사물인터넷과 딥러닝 알고리즘을 도입하는 것은 생산 '지능화' 단계라고 할 수 있다.[31] 제조업의 미래는 기존의 자동화나 기계적 로봇과 생산시설의 지능화를 넘어선다.

미래 제조업은 인공지능, 로봇 공학, 사물인터넷, 가상 환경, 디지털 제조 도구, 공개 제조, 가상 제조 같은 디지털 변혁 기술이 복잡하게 얽힌 새로운 제조 패러다임이 등장하는 시대이다. 이때는 제조업 자체가 창의적이고 지성적인 활동으로 전환되고 모든 사람이 참여할 수 있는 민주적 활동이 되어 '제조업 4.0' 이상의 새로운 차원이 열린다. 제조업 독점이 파괴되고, 우리가 알던 제조업 형식과 규칙도 모두 파괴된다. 4차산업혁명기 기술이 통합적으로 작동하여 제조업 생태계 전체에 지능(똑똑함)을 부여한다. 아이디어가 제품화되는 논리적 단계가 줄고, 제품이 생산되는 물리적 경로도 단축된다. 매우 가상적이지만 동시에 매우 현실적인 제조, 매우 개인적이지만 매우 집단적인 제조, 매우 지역적local이지만 동시에 매우 세계적global인 제조 환경이 탄생된다. 매우 지역적이라는 것은 1차 산업혁명 때처럼 가내공업家內工業 형태를 갖는다는 의미다. 매우 세계적이라는 것은 개인이 시간과 공간의 한계, 언어의 한계를 뛰어넘어 세계 곳곳에 연결된다는 의미다.

예를 들면, 미래 제조업에서는 공장의 형태부터 다양해진다. 1인 공장(마이크로 공장, microfactory), 가상 네트워크 공장, 학습하는 공장이 등장한다. 빌려 쓰는 공장, 무인자율주행 이동 공장도 등장한다. 이 모든 공장이 연결될 수도 있다.

34. 마이크로 공장, 다품종 소량생산의 궁극적 대안

1인 공장 또는 마이크로 공장은 생성형 인공지능이 3D 혹은 4D 프린터와 연결되면 가능한 미래다. 인간이 원하는 아이디어를 말하기만 하면 생성형 인공지능이 디자인부터 공정 프로세스까지 스스로 관리하면서 3D 혹은 4D 프린터를 작동시켜 제품을 생산한다. 1인 공장은 가정집이나 작은 창고에 만들 수 있다. 애플이나 삼성 같은 기업이 개인용 디바이스로 마이크로 공장을 판매할 수도 있다. 스마트폰이나 개인용 컴퓨터의 OS를 업데이트하면 전혀 다른 디바이스가 되는 것처럼, 1인 공장 혹은 마이크로 공장 또한 생성형 인공지능 역량이 업그레이드 될 때마다 공장 전체의 역량도 업그레이드 된다. 개인이나 소기업이 할 수 있는 이런 초소형 공장은 다품종 소량 생산의 강점을 갖는다.

35 제조업에서 애플, 구글 능가하는 플랫폼 등장할 수 있다

가상 네트워크 공장은 1인 공장 혹은 마이크로 공장이 가상 네트워크 안에서 노드node 단위로 연결돼 대량생산 방식이 가능한 시스템이다. 이는 강한 인공지능이 관리자로 활동하는 인터넷 제조 플랫폼이 등장하면 가능하다. 가상세계를 매개로 개인 단위 제조 기반이 모세혈관처럼 네트워크를 형성하고, 이것은 다시 인간의 동맥과 정맥처럼 거대 혈관 기능을 하는 기업 공장과 연결된다. 제조 도구와 관련된 모든 회사도 연결된다. 제조 지식과 정보, 맞춤형 인공지능 서비스, 제조 교육 및 훈련, 생산물 유통, 구매 및 제조에 필요한 금융서비스 등에 관련된 회사도 연결된다.

이렇게 새롭고 거대한 제조 플랫폼 안에서 관리 조직 없이 무수한 주문과 생산 활동이 진행된다. 누군가 제품 제조 요청을 인터넷에 올리면, 공동 작업을 통해 설계 아이디어를 발전시킬 수 있다. 네트워크 안에서 활동하는 '강한 인공지능'이 설계 아이디어를 발전시키는 데 도움줄 수도 있다. 완제품 생산에 필요한 부품은 수천

수만의 개인과 공장이 거미줄처럼 얽힌 생산 네트워크에 할당된다. 한 공장이나 한 지역의 생산 활동에 일부 오류가 생겨도 글로벌 제조 네트워크 전체에는 영향을 주지 않는다. 공급망 병목 현상도 발생하지 않는다. 공개 협업을 중심으로 한 가상 네트워크 공장은 다품종 대량생산이 가능하고, 자동차 한 대에 필요한 수천수만 개 부품을 1~2일 안에 개별 생산 노드 단위에서 금속이나 플라스틱, 특수 물질 등으로 찍어낼 수 있다. 생산 총책임자 혹은 강한 인공지능은 생산된 모든 부품을 완제품으로 조립해주는 지능형 공장이나 제품 요청자에게 직접 배송한다.

어떤 기업이 이런 제조 플랫폼을 구축하는 데 성공한다면 그 기업은 애플이나 구글의 앱 생태계를 능가하는 강력한 플랫폼 기업이 될 수도 있다. 이런 플랫폼 기업이 암호화폐로 발권력을 발휘하고 블록체인 기술을 활용해서 국가 간 거래(무역)까지 사업 범위를 확장하면 영향력은 더 막강해진다.

36 오토GPT, 생성형 AI가 공장장이 되다

학습하는 공장은 기존의 스마트 공장이 발전한 형태가 될 것이다. 오토GPT(AutoGPT)와 같은 강력한 생성형 인공지능이 공장 안에 있는 기계, 로봇, 지능형 사물, 다른 인공지능을 통제하고 학습시키고, 필요하다면 각종 제어 프로그램을 직접 수정하면서 공장 전체 작업과 노동을 최적화한다. 참고로, 오토GPT는 사용자가 목표를 설정하면 인공지능이 자동으로 인터넷을 검색하고 방법을 탐색해 결과물을 내놓는 생성형 인공지능이다. 2023년 3월

30일 AI 스타트업 시그니피컨트 그라비타스Significant Gravitas가 개발자 코드 공유 사이트인 깃허브GitHub에 처음 공개하면서 주목을 끌고 있는 기술이다. 학습하는 공장은 인간과 로봇이 협업하는 공장, 인간이 없는 공장 두 종류로 나뉜다.

37 포드 시스템 대체할 새로운 제조업 표준

빌려 쓰는 공장은 자신이 거주하는 주변에서 편의점처럼 접근이 쉬운 공개형 공장open factory이다. 가정용보다 큰 규모의 4D 프린터, 3D 스캐너, 레이저 커터처럼 물품 제조에 필요한 고성능 하드웨어와 고가의 운영 소프트웨어 등을 갖추고 있다. 누구나 시간당 비용을 주고 생산 시설을 빌려 쓴다. 빌려 쓰는 공장은 주민센터, 학교에도 마련될 수 있다. 무인자율주행 이동 공장은 빌려 쓰는 공개형 공장이 자율주행 수송 장치 안에 탑재되는 형태다. 생산 방식도 변한다. 초맞춤형 생산, 초정밀 예측 생산, 인터넷 플랫폼 생산이 등장한다.

이런 변화가 일어나면 거대 기업이 운영하는 거대 공장에도 강제 변혁이 일어난다. 끝없이 펼쳐진 컨베이어 벨트를 따라 숙련공이나 저임금 노동자를 배치시키고 부품의 상호교환성에만 의존한 생산 방식이 폐기된다. 최첨단 인공지능 로봇이 관리자가 되고, 사물인터넷과 각종 센서로 실시간 생산 정보를 수집하고, 레이저 커터 기계, CNC 기계, 4D 프린터, 나노 도구 등 새로운 미래 제조도구를 적재적소에 배치하고, 조립용 로봇과 이동형 근로자 로봇을 활용하여 물건을 제조하는 형태로 진화한다.

▶ 미래 제조업 변혁 조감도

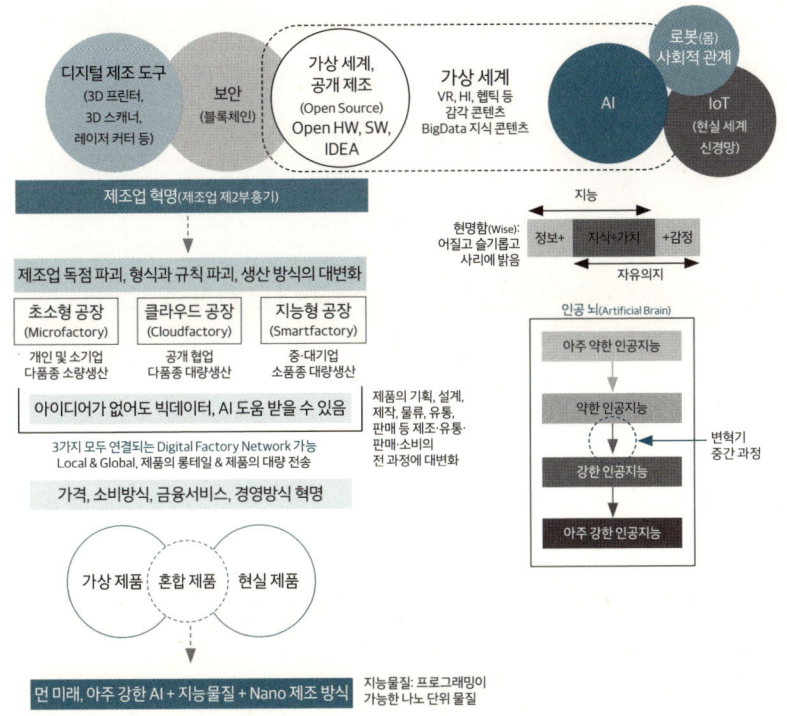

18~19세기 산업혁명은 분업과 기계화의 도입으로 시작되었고, 헨리 포드의 조립 라인은 20세기 제조업의 표준을 정했다. 우리는 현재 또 하나의 역사적 대전환의 시점에 서 있다. 위의 '미래 제조업 변혁 조감도'를 참조하라.

38 인공지능과 협업하는 방법을 배워라

근로자 형태도 바뀐다. 학습하는 지능 장착에 자연어를 구사하는 로봇 근로자, 인공지능 코파일럿(부조종사)을 거느린

인간 근로자가 등장한다. 노동 방식도 바뀐다. 가상노동이 등장하고, 입는 로봇과 인공지능 비서를 장착한 인간이 혼합현실 안에서 노동하는 시대가 열릴 것이다.

현실 공간에서 자연어를 구사하는 인공지능 로봇과 인간의 협동하는 노동 방식도 보편화된다. 이것은 기존의 기계로봇과 인간의 협동방식과 다르다. 기존 방식은 변화가 없고 격리된 공간에서 로봇과 인간이 역할을 분담하는 방식의 생산이었다. 미래는 변화가 심한 환경에서 인공지능 로봇이 자연어로 소통하고 사람처럼 손가락을 갖고 실시간 학습하면서 인간과 정밀하게 협력하는 노동 방식일 것이다.

제품이나 서비스의 개발 방식도 바뀔 것이다. 초거대 인공지능이나 인공지능 로봇이 기술 개발과 실험 연구에 참여한다. 이미 구글 인공지능은 반도체 칩 설계에 참여하고 있다.

39 B2C에서 C2B로, 알리바바 '쉰시'가 보여준 미래

제4차 산업혁명의 전성기에 진입하면 인간과 유사한 형태의 인공지능 로봇이 일상의 많은 분야에서 활동하기 시작한다. 나아가 주변 사물이 인공지능 기술을 통해 인간의 필요와 의도를 예측하면서 스스로 행동하는 시대가 될 것이다.

이러한 변화는 가정, 회사, 공장 등에서의 생산성과 효율성을 크게 향상시켜 부의 증진도 촉진할 것이다. 특히 제조업의 경우 효율성이 단 1%만 향상되더라도 약 5천억 달러의 비용 절감 효과를 볼 수 있다. 기업의 혁신은 대체로 생산성 향상에서 비롯되며, 그런 면에서 하드웨어보다 소프트웨어 정신을 가진 기업이 성공할 것이다. 제조업의 대명사 GE는 제조 공장에서 사물인터넷과 인공지능을 사용해 제품 기획부터 관리까지 총괄하는 소프트웨어 회사가 되었다.

알리바바의 창업자 마윈은 인공지능 기술과 대용량 데이터 분석을 통해 미래 제조산업이 전략적 패러다임 시프트를 할 것이라고 전망했었다. 기존의 B2C(Business to Consumer) 중심 모델은 기업의 공급 체인을 중심으로 운영되었으나, 미래의 생산 환경은 C2B(Consumer to Business) 중심으로 전환될 것이다. 이는 소비자 중심의 디지털 생태계에서 인공지능과 빅데이터가 실시간으로 시장 동향과 소비자 선호도를 분석하여 맞춤형 제품을 즉시 생산하는 차세대 '지능형 제조 플랫폼'을 의미한다.

알리바바는 이러한 패러다임 전환을 실현하기 위해 3년 동안 지속적으로 R&D 활동을 지원했고 그 결과 '쉰시(迅犀 Xunxi(빠른 코뿔소)'라고 명명된 디지털 의류 제조 시설을 중국 항저우에 건설하였다. 이 고도화된 제조 플랫폼은 인플루언서 주도의 라이브 커머스에서 발생하는 수천 건의 각기 다른 옷 주문이 다음 날 즉시 제작에 들어갈 수 있도록 설계돼 있다. 알리바바의 이러한 혁신은 신상품의 출시 주기를 60% 단축하고, 납기를 75% 가속화하며, 재고율을 약 30% 줄이는 등 탁월한 성과로 이어졌다. 하지만 이러한 혁신은 미래 제조산업이 나아갈 방향성의 단초일 뿐 지속 가능한 제조 4.0의 시대에서 더욱 세밀하고 지능적인 생산 모델이 등장할 것으로 전망된다.

40 개인이 직접 로봇을 만들 수 있는 자유를 준 인텔

미래 제조업에서 가장 큰 변화 중의 하나는 생산방식의 대변혁이다. 고전적인 '절단 및 조립' 제조 방식을 벗어나 인공지능 4D 프린팅과 같은 방법으로 나노 스케일에서의 물질을 붙이고, 깎고, 자르고, 두드리는 생산방식이 보편화된다. 레이저 커터, 3D 스캐너 기술, 인터넷 커뮤니티의 공개 제조도 미래 생산방식의 대변혁에 기여하게 될 것이다.

미래에는 개인이 경비행기, 로봇, 자동차 같은 거대 제품을 생산할 크고 전문적인 4D 프린터뿐만 아니라 모든 제조 활동을 학습할 수 있는 인공지능 로봇 근로자도 자동차 한 대 가격으로 구매할 수 있게 된다. 이런 환경이 되면, 개인이 집안 욕실의 샤워기 수리부터 단종된 자동차 부품 제작에 이르기까지 DIY 방식의 자급자족이 가능해진다.

머릿속 원시적인 아이디어를 전 세계적으로 접근 가능한 상품으로 즉시 전환할 수 있는 능력 발휘도 가능해진다. 일례로, 글로벌 기업 인텔은 10여 년 전인 2014년에 3D 프린터를 통해 지미Jimmy라는 2족 보행 로봇의 설계도를 공개하고 자신만의 로봇을 직접 조립하게 함으로써 제조업의 민주화를 선언했다.[32] 쇼핑몰에서 물건을 사서 친구나 애인에게 선물할 필요도 없다. 설계도만 이메일로 전송하면 된다.[33] 이런 신기술에 힘입어 제조의 주체도 기업에서 개인으로 넘어갈 가능성이 크다. 자본가와 발명가, 엔지니어가 장악한 제조업 독점도 깨진다. 개인이 제품 디자이너 또는 창조자가 되는 미래가 오면 성별, 나이, 신체적 능력, 지적 능력과 같은 전통적인 구조적 장벽은 더 이상 제약 조건일 수 없다. 미래 제조의 유일한

도스토예프스키의 집 내부. 그는 평생 빚 때문에 불리한 출판 계약을 맺고 탈고에 시달린다. 출판업자를 통하지 않고 저자가 자기 집에서 직접 책을 만들 수 있는 세상에 태어났다면 더 많은 걸작을 남겼을까.

제한 요소는 개인의 프로덕티비티 에티켓Productivity Ethics이 될 것이다. 즉 게으름과 무관심만이 장벽이 된다.

이러한 문화적 전환은 제조의 글로벌 부흥을 촉발하며, 모든 사람에게 내재된 제조력Manufacturing Instinct을 활성화할 것이다. 이는 일종의 제조 판타지Maker's Fantasy를 가능케 해서, 인간의 창의력이 즉시 현실로 전환되는 시대를 열 것이다. 이러한 시나리오에서, 스마트폰과 컴퓨터 애플리케이션이 현재 보여주는 시장 다양성과 유사하게, 무수히 다양한 미니멀리스트 제조 기회Minimalist Manufacturing Opportunities가 생성될 것이다. 하루에도 수천수만 개의 앱이 출시되듯, 미래 제조 플랫폼은 지혜롭고 창의적인 사람에게 이론적으로 무한한 수의 제조 기회를 제공할 것이다. 이것은 더욱 다양한 제품과 서비스가 출시되는 가속화된 제조 생태계를 창출할 것이다.

41 미래를 향한 몽상을 돈으로 바꾸는 기술

미래 제조업은 생산하는 제품도 지금과 다르다. 가상제품, 현실제품, 가상과 현실을 혼합한 혼합제품, 지구상에 단 하나만 존재하는 제품이 NFT와 연결되어 생산된다. 극소수 취향의 상품, 지구상 단 하나뿐인 제품도 제조와 판매도 가능해진다. 유일무이한 제품의 숫자는 무어 법칙과 롱테일 법칙을 따라서 증가한다. 제품 생산에서 롱테일 법칙과 무어 법칙이 작동하려면 생산 방식의 변혁만으로는 부족하다. 경영 방식의 변혁, 유통 방식의 변혁, 금융서비스 변혁 등 거의 모든 영역에서의 변혁이 어우러져야 가능하다.

미래 제조업에서는 제품생산의 한계비용을 '제로'까지 낮추지는 못하지만, 제품 가격을 현재의 음원시장 수준으로는 낮출 수 있다. 제조업 인프라가 싸고, 빠르고, 무게가 없는 비트(bit)로 구성된 디지털 세계 위에서 작동하기 때문에 제품 가격을 지적 재산권 비용으로 낮출 수 있다. 한 달에 일정 비용을 내면 원하는 모든 제품을 다운로드 받아 인쇄하는 구독서비스도 가능해진다. 제품 단가가 디지털 음원 수준으로 낮아서 개당 수익이 미미하지만, 글로벌 시장으로 판매 네트워크가 확대됨에 따라 세계적인 히트 상품을 만들면 엄청난 수익을 거둘 수 있다. 제조 이익의 극대화보다 만족의 극대화를 비즈니스 목적으로 하는 기업가도 등장할 수 있다.

미래 제조업에서는 고부가가치 및 유니크한 제품(Uniquely High-Value Goods)의 생산도 얼마든지 가능하다. 'NFT에 의한 원본 인증'과 같은 블록체인 기술을 활용하여 제품의 유일무이성을 인정받아 고가의 경매 시장에 진입할 수 있는 새로운 경로가 마련되어 있기 때문이다. 이런 시장에서 무한한 상상력과 예술적 깊이를 가진 제품은 크리에이티브 프리미엄(Creative Premium)을 받을 수 있으며, 이는 복잡한 수학적 알고리즘과 컴퓨터 시뮬레이션을 통한 미디어 아트 조각(Media Art Sculptures)에도 적용될 수 있다. 4D 프린터를 활용하면 인간의 손으로는 불가능한 복잡하고 특이한 예술적 형태를 실체화할 수 있다. 패션 산업도 맞춤형 디자인 패러다임을 수용함으로써 고객의 사이즈, 스타일, 재료까지 고려한 완전 맞춤형 제품(Tailor-Made Products)의 생산이 가능해진다. 이러한 기술적 혁신은 다양한 니치 마켓을 만들고, 상상력, 기발함, 특이성 및 예술성을 수익으로 연결하는 무한한 가능성을 열어놓을 것이다.

2장

2024년 MT: 미래기술 트렌드 추적

2장

2024년 MT: 미래기술 트렌드 추적

2024년 MT
전기차, 제1차 치킨게임을 시작한다

42 **2024년 벌어질 치킨게임**

2020년부터 2023년까지 전기차 트렌드는 뜨거웠다. 하지만 2024년에는 전기차 시장의 트렌드가 바뀐다. 제1차 치킨게임이 시작된다.

2023년 8월 제2의 테슬라로 불렸던 미국 전기차 회사 리비안이 2분기 실적 공시에서 12억 달러(약 1조 6천억 원)의 순손실을 기록했다. 매출액(11억 달러)은 전년 동기(3억 6,400만 달러) 대비 늘었고, 손실 폭도 전년 동기(17억 달러) 대비 축소했다고 밝혔다. 하지만 시장에서는 2분기 매출 개선이 2022년 공급망 타격으로 부진했던 실적을 고려하면 기저효과로 인한 착시에 불과하다고 평가했다. 사우디아라비아 국부펀드의 투자를 받고 테슬라 대응마로 주목받았던 루시드는 2023년 2분기 순손실이 7억 6,420만 달러로, 전년 동기(2억 2,040만 달러) 대비 적자폭이 확대됐다. 수소전기 트럭 회사 니콜라의 재정 상황은 심각하다. 2분기 2억 1,783만 달러의 순손실을 기록하여 전년 동기(1억 7,300만 달러) 대비 손실폭이 크게 확대되었다.

43 치킨게임이 벌어지는 3가지 이유

최근 전기차 고공 인기 붐에도 불구하고 전기차 회사들이 만성 적자에서 헤어나지 못하는 이유는 3가지다.

첫째, 전 세계 전기차 1등이며 압도적 시장점유율과 원가 경쟁력을 가진 테슬라가 촉발한 저가 가격 경쟁을 꼽을 수 있다. 2023년 4월 테슬라는 중형 SUV '모델 Y'는 3천 달러, '모델 3'는 2천 달러를 인하했고, 하반기에는 '모델 S'와 '모델 X' 가격도 1만 달러(약 1,320만 원)씩 인하했다. 그러자 루시드, 포드, 현대자동차, 중국의 BYD(비야디)와 체리자동차, 폭스바겐 등이 자사 제품 가격을 경쟁적으로 인하했다. 테슬라의 공격적 가격 인하 배경에는 배터리 시장에 중국 배터리 업체 CATL 등이 생산한 저렴한 리튬·인산·철(LFP) 배터리의 대규모 공급이 있다.

둘째, 전기차 초기 수요(얼리어답터 소비자)가 정점에 달했다.[1]

셋째, 전기차를 생산하는 회사가 너무 많다. 2023년 4월 18일 제20회 중국 상하이 국제 모터쇼에 참가한 전기차 업체는 현대차·기아, BMW, 토요타, 닛산, BYD 등 전 세계 1000개 업체가 넘었다. 독일 메르세데스벤츠는 최고가 차량으로 유명한 마이바흐 모델에서도 전기차를 선보였다.[2] 엄청난 가성비(가격 대비 성능)로 '대륙의 실수'라는 별명을 가진 중국 샤오미의 CEO 레이쥔은 "내 모든 명성을 전기차에 걸겠다"는 선언을 했다. 애플과 소니도 전기차를 출시할 것이라는 소문이 공공연하다.[3]

이외에도, 40년 만에 최고치를 갱신한 인플레이션으로 전기 가격 인상이 이어지면서 전기차 경쟁력이 약화된 것과 각국 정부가 전기차 보조금을 줄이는 것도 매력을 반감시켰다.[4]

44 테슬라 외 생존을 자신할 수 없다

2023년 현대차 아이오닉5의 판매량은 전년 대비 40% 넘게 줄었다. 제네시스 G80(전동화 모델), GV60, GV70(전동화 모델)도 판매가 각각 전년 대비 57.0%, 31.2%, 15.6% 감소했다.[5] 테슬라발 전기차 '가격 전쟁'에 중국 1위 BYD도 실적이 급감했다. 중국의 테슬라로 불리던 전기차 스타트업 바이톤은 파산을 신청했다. 주식시장에서 중국 전기차 삼형제 중 하나로 꼽히던 니오도 재정난에 허우적거리고 있다. 초기 수요가 정점에 이르자 전기차 업체들은 할부금융 비용을 낮추고, 1년간 무료충전 서비스를 내놓고, 주요 부품 협력사에게 부품 생산량 감소를 요청하는 등 안간힘을 쓰고 있다.

문제는, 앞으로 몇 년 동안 전 세계 주요 자동차 생산국가에서 전기차 신차 모델이 쏟아져 나오기 때문에 가격 경쟁이 한층 치열해지고 경쟁 양상도 전 세계로 확대될 것으로 예상된다는 점이다. 이미 전기차 시장 플레이어는 폭증했다. 내연기관 자동차 강국인 미국, 일본, 독일은 물론이고 중국, 인도, 심지어 베트남 최대 기업 빈그룹까지 전기차 사업에 뛰어들었다. 만약 2024년 경기 침체가 들이닥치면 전기자동차 치킨게임에서 탈락한 업체의 파산이나 인수합병이 본격화될 수 있다. 테슬라는 높은 영업이익률 단계에 도달했기에 치킨게임에서도 생존할 가능성이 가장 높다. 하지만 후발주자는 부담이 커지고 스타트업은 경기 침체라는 이중고를 만나면 파산할 가능성이 높다.[6]

시나리오는 두 가지다. 하나는, 2024년 경기 침체가 발생하면 제1차 치킨게임은 2~3년 안에 끝난다는 시나리오다. 또 다른 하나는, 운 좋게 경기 침체를 피하더라도 치킨게임 국면은 피하기 어렵고, 이럴 경우 제1차 치킨게임의 종료가 5~6년 정도로 길어질 뿐이라는 시나리오다.

45 중국 전기차 회사의 파산 가능성 높다

그동안 중국 정부는 막대한 보조금을 쏟아 부으며 자국의 전기차 업체를 지원했다. 그 결과 전기차 업체도 2019년 최대 500개까지 증가했고, 2022년에는 약 570만 대의 전기자동차가 새로 등록됐다.[7] 전기차EV 충전과 배터리 교환 관련 특허도 세계 1위를 기록했다. 중국의 특허 수는 한국보다 약 4배가 많다.

그러나 2023년부터 중국 경제에 심상치 않은 분위기가 일고 있다. 중국 정부의 전기차 보조금 혜택은 폐지되었다. 2023년 1분기에 중국 전기차 회사인 아이츠는 536대, 톈지는 겨우 237대를 판매하는 데 그쳤다.[8] 같은 기간 테슬라의 판매 대수가 46만 6140대인 것과 비교하면 2천 분의 1에 불과하다. 2024년에도 중국 전기차 회사의 파산이나 폐업이 늘어날 가능성이 매우 높다.

46 테슬라의 시장점유율은 계속 하락한다

테슬라는 안심해도 되는가? 아니다. 2024년부터 테슬라의 글로벌 시장점유율 하락 속도가 빨라질 가능성이 높다. 2023년 2분기 기준 테슬라의 글로벌 배터리 전기차 시장점유율은 21.7%였다. 2위 BYD(16.2%)보다 5.5%p 앞선다. BYD는 플러그인 하이브리드 자동차 글로벌 시장점유율 36.5%로 세계 1위다.[9] 테슬라의 글로벌 시장점유율은 2020년 22.3%, 2021년 19.6%, 2022년 16.4%로 계속 하락 중이다.[10] 테슬라의 미국 시장점유율도 마찬가지다. 2018년 미국 시장점유율이 78%로 최고치를 기록한 뒤 계속 하락 중이다. 뱅크오브아메리카는 테슬라의 미국 전기차 시장점유율이 2022년 62%에서 2026년 18%까지 하락할 것으로 전망했다.[11] 불과 4년 만에 3분의 1로 줄어드는 셈이다.

47 e퓨얼로 무장한 내연기관 자동차의 반격이 시작된다

유럽연합은 2035년부터 내연기관차 판매를 중단하겠다고 선언했다. 하지만 독일의 강력한 주장으로 e퓨얼e-fuel(합성연료) 차량은 예외를 두기로 했다.[12]

2018년 독일의 자동차 업체 아우디는 e가솔린과 e디젤 생산을 통한 이퓨얼 엔진 개발을 시작했다. 일본 토요타 등의 기업도 이퓨얼을 내연기관차에 접목하는 연구를 진행하고 있다. '이퓨얼'은 일렉트로 퓨얼electro fuel(전기연료)의 줄임말로, 탄소와 수소를 결합해 만들어서 '인공 석유'로 불리는 합성연료다. 전기를 이용해 만들어서 붙여진 이름이다. 물을 전기분해해서 수소를 얻고 이산화탄소와 질소 등을 합성하여 만든다. 이산화탄소를 합성하면, e메탄올, e가솔린, e디젤 등이 되고, 질소를 합성할 경우 e암모니아가 생성된다. 기존의 내연기관차에 휘발유 대신 e퓨얼을 넣으면 친환경자동차 이미지에 편승할 수 있다. 물을 분해하는 전기는 태양광·풍력·수력 등의 재생에너지에서 얻고, 이산화탄소와 질소는 대기 중에서 포집하여 사용하기 때문에 '탄소중립 연료'로 인정받을 수 있기 때문이다.

옥수수나 사탕수수 등으로 만드는 바이오에탄올, 식물성 기름과 동물성 지방으로 만드는 바이오 디젤 등은 생성에 걸리는 시간이 길다. 하지만 이퓨얼은 제조시간이 짧아 대량 생산에 유리하다. 값비싼 배터리를 사용하지 않고, 기존의 주유 인프라와 내연기관 자동차를 그대로 사용할 수 있는 것도 장점이다. 그러나 지금의 기술 수준으로는 에너지 효율이 낮고, 제조 공정이 복잡한 데다 생산 설비 구축에 엄청난 비용이 필요하고, 제조원가가 높아 경제성이 약하다는 단점이 있다.[13] 일부에서는 e퓨얼의 생산 단가가 가솔린보다 훨씬 비싸기 때문에 포르쉐, 람보르기니, 페라리와 같은 부유층의 전유물이 될 것이라는 평가를 한다.[14] 하지만 시장 수요만 있으면 언제든지 생산 단가는 내려갈 수 있는 법이다.

48 일론 머스크가 생각하는 미래 전략

안팎의 여러 사안에도 불구하고 전기차의 글로벌 시장 규모는 계속 커질 것으로 전망된다. 중국자동차공업협회는 2023년 중국 신차 판매에서 전기차를 포함한 친환경차가 30%를 기록할 것이며, 2035년에는 신차 판매의 80%를 친환경차가 차지할 것으로 전망했다.[15] 2035년 세계 자동차 시장에서 전기차 점유율도 88%까지 이를 것으로 전망된다.[16] 이에 주요 자동차 업체는 앞으로 3~4년 내 수십조 원씩 신규 투자하여 전기차 신모델 개발에 박차를 가할 계획을 속속 발표 중이다.

정리하면, 전기자동차 시장은 계속 성장하지만 치킨게임은 시작되고 내연기관의 반격도 있는 등 복잡한 상황이 전개될 양상이다. 이런 상황에서 일론 머스크와 테슬라의 생존 전략은 무엇일까?

일론 머스크라면 전기차에서 자율주행차로 전선을 이동시키며 위기 탈출을 시도할 가능성이 크다. 2023년 5월 16일 미국 텍사스주 기가팩토리에서 열린 2023년 주주총회에 참석한 일론 머스크는 현재 개발 중인 완전자율주행FSD: Full Self Driving에 대해서 이렇게 언급했다. "현재 자동차의 평균 이용 시간은 주당 약 10~12시간인데 완전자율주행이 실현되면 차량 이용률은 5배 증가하고 사용가치도 크게 향상될 것이다. 완전자율주행 구현 기능은 사람이 운전하는 것보다 10배 더 안전하다."[17] 2023년 6월 16일에는 "우리는 올해 거의 200만 대의 차량을 생산할 예정이지만 여전히 전체 자동차 생산량의 2%에 불과하다"며 "테슬라의 시가총액은 테슬라가 자율주행 기술을 완벽하게 구현할 수 있는지 여부에 달려 있다"고 말했다. 테슬라의 미래 전략을 내비친 발언이다.

49 경쟁의 중심이 배터리에서 자율주행 기술로 이동한다

종합하면, 2024~2025년에는 전기차 시장의 성능 경쟁이 배터리에서 자동차 두뇌에 해당하는 '자율주행 기술', '생성형 인공지능 탑재 및 사용'으로 넘어갈 가능성이 높다.

2023년 7월 19일 중국 전기차 브랜드 스카이워스Skyworth 자동차가 차량 탑재용 LLM(초거대 언어모델) '샤오웨이 GPT'를 발표했다. 세계 최초로 챗GPT를 탑재한 모델이다. 이 기술이 탑재된 자동차는 운전자와 승객에게 중국어나 영어 등 인간 언어로 지능적인 음성 소통 서비스, 지능적인 질의 응답 기능을 제공한다. 이른바 똑똑한 자동차, 대화하는 자동차의 실현이다.[18]

구글의 웨이모는 미국에서 자율주행 택시 서비스 지역을 확대하고 있다.

현대자동차그룹은 2023년 말 시속 80km까지 작동하는 '레벨 3' 자율주행차를 상용화한다. 세계 최초다. 레벨3는 고속도로에서 운전자가 핸들을 전혀 잡지 않아도 목적지를 향해 자율주행이 가능한 단계다. 상용차에 레벨3 기능을 장착한 회사는 일본 혼다와 독일 메르세데스벤츠뿐이다. 하지만 이들의 최고 속도는 시속 60km였다. 시속 60km로는 고속도로 실제 주행이 불가능하다. 현대자동차그룹은 시속 80km까지 작동이 가능하다.[19]

현대자동차그룹은 또 하나의 공격적 행보를 준비 중이다. 모셔널Motional과 공동 개발한 레벨4 자율주행 기술이 장착된 아이오닉 5 무인 자율주행 택시(로보택시) 서비스를 미국 네바다주 라스베이거스에서 시작한다. 현대자동차그룹은 2020년 20억 달러를 투자해 미국 자율주행 기술기업 앱티브Aptiv와 공동으로 모셔널이라는 로보택시 회사를 설립했다. 자율주행 레벨4 기술은 완전자율주행(5단계) 직전 단계다. 대부분의 상황에서 운전자 개입 없이 자동차가 알아서 주변 환경을 인지하고 판단해 스스로 주행하는 단계다. 전 세계 16개 자동차 회사가 레벨4 수준의 기술을 확보했기 때문에 본격적인 경쟁이 곧 시작될 것이다.[20] 글로벌 시장조사업체 프레지던스 리서치는 자율주행 자동차 시장이 2023년에는 1,701억 달러(약 225조 원), 2030년에는 10배인 1조 8,084억 달러(약 2,400조 원)까지 성장할 것으로 예측했다.[21]

50 LG전자는 왜 모빌리티 사업에 뛰어들었나

2023년 9월 열린 세계 최대 국제 모터쇼 'IAA 모빌리티 2023'에서 LG전자도 미래 모빌리티 사업 청사진을 발표했다. 70년 가전 노하우와 IT 기술 전체를 집결하여 미래 모빌리티 시장에 혁신적인 고객경험을 제시하겠다는 미래 포부를 밝혔다. 2013년 LG전자는 전장 사업을 시작했다. 2018년 오스트리아의 차량용 헤드램프 기업인 ZKW를 약 1조 5천억 원에 인수했고, 2020년에는 캐나다 자동차 부품업체 마그나 인터내셔널과 손잡고 파워트레인 산업 합작법인 'LG 마그나'를 설립했다. 2022년 LG전자는 전기차 충전기 핵심기술을 보유한 하이비 차저HiEV Charger도 인수했다. 2023년에는 헝가리 미슈콜츠시에 연면적 2만 6천m² 규모의 신규 공장 설립도 발표했다. LG전자의 이런 행보는 미래 자동차 시장이 하드웨어에서 소프트웨어 중심의 자동차SDV로 전환하는 시장 흐름을 공략하겠다는 전략이다.

LG전자는 자율주행차를 '개인화된 디지털 공간'으로 설정하고 세 가지 고객경험 테마를 차별성으로 삼겠다고 선언했다. 상황과 목적에 따라 다목적 공간으로 '변형', 콘텐츠로 즐기는 '탐험', 차량 안에서 신체적·정신적 안정을 얻는 '휴식'의 경험을 제공하겠다는 것이다. LG전자는 전장, 자율주행차 기술, 콘텐츠, 전기차 충전 솔루션까지 연결하여 모빌리티 생태계 확장까지 노리고 있다.[22]

51 애플, 핸들과 페달 숨기는 기술 특허 출원

2023년 9월 자율주행 자동차의 강력한 미래 경쟁자로 꼽히는 애플도 자율주행 모드에서 핸들과 페달을 숨기는 '접이식 입력장치' 관련 특허를 출원했다는 소식이 들렸다. 이 기술을 사용하면 자율주행 단계에서 운전자가 자동차 좌석을 뒤로 돌리는 등 공간 활용도를 높일 수 있다. 자율주행 중 사람이 실수로 차량 운전을 방해하는 것도 방지할 수 있다.[23]

미래학자가 보는 미래 자동차 시장 시나리오

먼저 인공지능의 4단계를 알아두자
흔히 인공지능을 약한 인공지능과 강한 인공지능 2단계로 나눈다.

필자는 인공지능 발전을 '현명함(wise, 어질고 슬기롭고 사리에 밝음)' 정도에 따라 4단계로 나눠 예측한다. 아주 약한 인공지능, 약한 인공지능, 강한 인공지능, 아주 강한 인공지능이 그것이다.

'아주 약한 인공지능'은 스스로 학습하는 능력이 없는 가장 낮은 수준의 인공지능이다. 아주 약한 인공지능이 가장 발전한 단계는 '전문가 시스템expert system'이다. 현재 인공지능 발전은 2단계 '약한 인공지능' 수준이다. 아주 약한 자율성 수준에서 스스로 학습 능력을 갖춘 인공지능이다. 각종 생성형 인공지능도 모두 이 단계에 속한다. 3단계 '강한 인공지능'은 범용 인공지능General AI을 가리킨다.

아주 강한 인공지능은 자유의지 획득이 필수

필자는 자유의지를 가지고 새로운 도덕적 체계를 세워서 인간을 말살하거나 지배하는 수준의 인공지능을 4단계 '아주 강한 인공지능'이라고 따로 분류했다. 4단계 인공지능은 호모 사피엔스의 두뇌와 지능을 닮는 것을 목표로 한다. 호모 사피엔스를 모방하는 현대 인공지능은 지능적 똑똑함만을 목표로 하지 않는다. 호모 사피엔스가 감성, 지능, 가치를 종합해서 발휘하는 최고의 결과물인 '지혜'까지 갖춘 인공지능을 목표로 한다. 챗GPT, 구글 바드, 네이버 클로바X 등의 생성형 인공지능은 아주 높은 수준의 지식(지능)을 확보했다. 지혜는 지능과 자유의지가 합쳐서 발현된다. 자유의지는 지식, 가치, 감성이 어우러져 형성된다.

인간을 지배하는 아주 강한 인공지능은 자유의지 획득이 필수다. 인공지능이 자유의지를 모방하려면 인간의 뇌에서 자유의지가 발현되는 신비를 밝혀내야 한다. 그래서 인공지능이 자유의지를 획득하는 것은 영원히 불가능할 수도 있다. 이런 이유로 필자는 인간을 지배하거나 멸종시키는 판단을 독자적으로(자유의지적으로) 내리는 인공지능은 최소한 이번 세기 안에 완성되지 못할 것으로 예측한다.

인간의 소유욕을 얕보지 마라

앞으로 계속 발전할 약한 인공지능은 자율주행 자동차와 로봇산업의 비약적 발전을 이끌 것이다. 챗GPT보다 훨씬 강력한 인공지능을 탑재한 로봇이 인간과 자연스럽게 대화를 주고받으며 일을 한다. 인공지능 로봇이 스스로 자기 몸의 고장 난 곳을 고치는 미래도 현실이 될 수 있다. 이런 인공지능이 자동차에 탑재되면 '매우 똑똑한 자동차'로 변신한다.

이렇게 되면 자동차라는 개념의 범위도 확장될 수밖에 없다. 자동차 산업이 단순한 기계 기반에서 IT 및 전자 서비스 중심으로 전환되는 것처럼, 자동차 분류도 단순한 크기 기준이 아닌 공간 활용의 방식으로 재편될 것이다. 자전거에서부터 배, 항공기에 이르기까지 모든 교통수단이 인공지능을 탑재하여 자율주행 기능을 갖게 되면 이들은 '자율 수송 장치self driving transport device'로 인식될 것이다. 크기, 탑승 인원, 운행 환경(지상, 하늘, 물 위), 수송 목적(인원 혹은 물품)에 따라 분류하더라도 모든 자동차는 본질적으로 개인의 모바일 공간이자 고도의 컴퓨팅 디바이스Computing Device일 것이다.

이러한 자동차 안에서 사람들은 쇼핑, 영화 감상, 원격 회의, 휴식, 건강 관리 서비스 등 다양한 활동을 영위할 것이다. (물론 이 과정에서 생성되는 빅데이터와 개인정보 보호는 미래 사회의 중요 이슈가 될 것이다.) 공유 자동차의 많은 장점에도 불구하고 이러한 개인화된 경험을 포기하는 것은 쉽지 않을 것이다. 따라서 인공지능의 발전과 함께 개인의 소유 욕구는 더욱 강해진다고 봐야 한다. 자율주행 자동차의 상용화에 따른 자동차 판매 감소에 대한 예측이 있지만, 이는 인간의 소유 욕구와 자동차 제조업체의 혁신 전략을 온전히 반영하지 않은 예측이다.

기술은 꿈으로 끝나지 않는다

21세기 중반이 되면 자율 수송 장치와 인공지능 로봇장치Robot Device

의 보편화는 거의 필연적으로 보인다. 21세기 후반으로 넘어갈 때 이 두 기술 분야가 완전히 통합되는 시대가 기대된다. 개인용 자율주행 수송 장치 산업에서의 기술 통합은 자동차, 배, 비행기 등의 모든 이동 수단이 하나의 산업으로 뭉쳐지는 방향으로 전개될 것이다. 이 과정에서 모든 자율 수송 장치의 관리와 운영을 혼합현실 환경에서 시도하는 새로운 플랫폼 회사의 등장도 촉발할 것이다. 기술 통합 후 '이동 수단'으로서의 본질적 역할이 그대로 유지되더라도 방식과 이동 중 활동, 평균 이동 거리, 일상에서의 이동 영역 등 다양한 측면에서 전반적인 변화가 있을 것이다.

개인용 자율주행 수송 장치는 인간의 이동 경험도 완전히 재정의할 것이다. 첫째, 지상에 국한되지 않고 하늘, 바다, 깊은 숲, 험준한 산악 지대로까지 확장된다. 변형 가능한 차체와 로봇 기술, 인공지능의 진화는 '하늘을 나는 자동차'와 수륙양용 탈것의 현실화를 가능하게 한다. 하늘에는 전기 비행체가 자유롭게 돌아다니고, 강과 바다를 날듯 주행하는 수단도 일상이 될 것이다. 둘째, 개인용 자율주행 수송 장치는 물리적 세계를 넘어 가상의 영역으로 우리의 이동 경험을 확장시킨다. 메타버스는 현실과 가상의 경계를 허물며, 이를 통해 우리는 물리적 세계에서의 주행 경험은 물론 다차원 가상 세계도 체험할 것이다. 이동 수단 내부의 투명 디스플레이는 가상 세계의 주행, 비행, 잠수 경험을 입체적으로 표현해줄 것이다. 셋째, 공간을 우주로까지 넓혀 본다면, 수세기 뒤 개인용 자율주행 수송 장치는 태양계 내 천체 간 이동을 지원하는 주요 수단이 될 수도 있다. 인간의 탐험 정신은 끝이 없고 기술 발전은 꿈을 현실로 바꿀 힘을 갖고 있다.

2024년 MT
배터리 공급 과잉의 역습이 시작된다

52 2024년, 배터리 과잉 투자의 충격 온다

2024년에는 전기차 산업과 관련된 또 하나의 충격이 기다리고 있다. 전기차 치킨게임, 전기차 시장 둔화, 경기 침체가 겹치면서 배터리 산업도 공급 과잉의 늪에 빠질 수 있다.

국내 배터리 3사(LG에너지솔루션, 삼성SDI, SK온)는 북미 지역에서 2025년부터 전기차 700만 대 공급 분량의 배터리 생산공장 건설을 계획하고 있다. 생산시설이 완공되면 2025년 3사의 배터리 생산능력은 463GWh까지 증가한다. 2022년 말 생산능력 61.5GWh의 7.53배 수준이다.

배터리 시장에 대한 장밋빛 전망이 쏟아지면서 일본 배터리 업체도 미국 내 생산 설비를 늘리고 있다. IRA(인플레이션 감축법) 시행 혜택을 받기 위해 BMW 등도 미국 배터리 공장 설립을 논의 중이다. 테슬라, 포드 등 미국 완성차 업체도 자체 배터리 공장 건설을 계획 중이다. 테슬라는 네바다주에 연간 200만 대 분량의 배터리를 생산할 수 있는 공장 건설을 발표했다. CATL을 비롯한 중국 업체도 북미 진출에 적극적이다.[24] 미래가 아무리 밝아도 배터리 생산 물량과 전기차 생산 간에 미스 매칭이 발생하면 현실 체감은 달라진다.

53 시장의 적신호 무시하고 질주하는 배터리업계

전기차 시장의 성장이 지속되는 것은 이미 정해진 미래다. 2024~2025년 전기차 신 차종도 크게 는다. 미국 전기차 시장조사업체 아틀라스EV허브Atlas EV Hub는 2030년까지 전 세계 자동차 및 배터리 제조 기업들이 전기차로의 전환에 8,600억 달러를 투자할 것으로 전망했다. 그 중 미국은 인플레이션 감축법 수혜로 2,100억 달러의 투자가 집중된다.[25] 하지만 앞서 말했듯 한국과 중국을 비롯해서 전 세계 전기차 시장의 초기 수요는 정점에 달했다.[26] 40년 만에 최고치를 갱신한 인플레이션으로 전기 가격 인상이 이어지면서 내연기관 자동차 대비 전기차 경쟁력도 약화되었다.[27] 그 결과 2023년 전기차 회사의 판매량에 이상 신호가 계속 깜박이고 있다.

전기차 배터리 생산량은 이러한 이상 신호를 전혀 반영하지 않고 있다. 배터리 생산 규모가 전기차 시장 규모 성장 속도보다 월등히 빠르다. 미국 환경보호국은 2032년까지 미국 내 신차 판매량의 3분의 2까지 전기차를 늘리겠다는 계획을 발표했다. 950~1000만 대 판매 분량이다. 하지만 현실은 계획을 달성하기에는 까마득히 멀리 있다. 2022년 미국 내 전기차BEV 전체 판매량은 81만 대에 불과했다. 2022년 미국 내 내연기관 포함 완성차 전체 판매량(1438만 대)의 5.63%다.[28] 2022년 글로벌 전기차BEV 판매량도 802만 대로 완성차 전체 판매량의 9.9%에 불과하다.[29] 미국 자동차 전문 시장조사기관 EV어댑션EVAdoption에 따르면, 2025년 미국 전기차 시장은 205만 대 정도로 예측된다. 국제에너지기구IEA는 2025년 미국 전기차 판매를 350만 대로 예측한다. 수치 예측상으로만 보면 미국 환경보호국의 2032년 계획에 근접할 듯 보인다.

하지만 전 세계 전기차 시장의 초기 수요는 정점에 달했다. 미국 소비자의 전기차 관심도 떨어지는 중이다. 비싼 가격, 충전소 부족, 배터리 안전 문제가 가장 크다. 2023년 5월 시카고대학 연구여론센터의 소비자 설문조사에 따르면, 응답자 47%가 다음에 전기차를 구매하지 않을 가능성이 높다고 응답했다. 2025년 국내 3사의 미국 내 배터리 생산능력 463GWh는 전기차 695만 대 공급 물량이다. 배터리 생산능력 1GWh는 전기차 1만 5천 대를 공급하는 규모다. 2025년 미국 내 전기차 판매 예상 최대치 350만 대의 두 배 물량이다. 심각한 배터리 공급 과잉이다.[30]

54 배터리 원자재 가격 하락이 의미하는 것

배터리 정보업체 벤치마크 미네랄스 인텔리전스BMI에 따르면, 중국 업체들은 세계 전기차 배터리 공급의 약 56%를 담당한다. 중국에는 125개 배터리 기가 공장이 가동 중이다. 유럽과 북미 배터리 공장 숫자를 합친 것보다 10배가 넘는다. 이런 추세라면 중국 내 생산량만으로도 2025년 글로벌 전기차 배터리 수요 전망치 2300GWh를 넘는다.

배터리 시장 공급 과잉 조짐이 보이자 가장 먼저 배터리 관련 원자재 가격 하락이 시작되었다. 2023년 탄산리튬 가격은 전기차 수요 둔화 등이 반영되면서 1년 새 61.6% 떨어졌다. 니켈 가격도 18.5% 하락했다.[31] 미래는 갑자기 오지 않는다. 미래 신호future signals를 주고 온다.

2024년 MT
디스플레이 폼팩터 전쟁의 서막이 올랐다

55 누가 더 잘 접고, 말고, 밀 수 있을까?

폼팩터form factor는 본래 컴퓨터 하드웨어 제품의 크기나 구성, 물리적 배열 등 제품의 구조화된 형태를 의미하는 단어다. 예를 들어, 메인보드 폼팩터에 따라 슬롯 개수나 레이아웃 구성, 케이스 크기 등이 결정된다. 모바일 기기의 발전으로 최근에는 스마트폰의 외형적 요소를 가리키는 용어로 널리 사용된다. 스마트폰의 폼팩터는 플립flip 폰, 폴더folder 폰, 슬라이드slide 폰, 폴더블foldable 폰 등 외형과 디자인이 시대에 따라 변화했다. 폼팩터가 변하면 활용도에도 변화가 일어났다.[32]

2024년에는 디스플레이 산업에서 폼팩터 전쟁이 시작된다. 2022년 삼성전자와 삼성디스플레이는 폴더블 폰(접는 스마트폰) 1000만 대 판매량을 달성했다. 2024년 접는 디스플레이 시장의 성장 속도가 빨라지는 것은 기본이고, 새로운 형태(폼팩터)의 디스플레이 패널 수요가 급증할 가능성이 높다. 일명, "접고, 말고, 미는 디스플레이" 전쟁이다.

LG, 중국, 일본 업체의 참여로 경쟁 구도도 복잡해질 것이다. 중국은 저가 공세를 강화하고, 일본은 기술 전쟁을 벌일 태세다. 디스플레이 종류도 부가가치가 큰 OLED 분야에서 경쟁 강도가 거세질 것이다.

2022년 중국은 전 세계 디스플레이 시장점유율 42.5%를 기록하여 한국(36.9%)을 제치고 1위에 올랐다. 중국 1위의 발판은 LCD 디스플레이다. 한국은 중국에게 LCD 시장 1위를 내준지 오래다. 현재 한국은 OLED 분야에서 점유율 81%로 절대강자다. 하지만 중국도 점유율을 17%대로 끌어 올리며 추격의 발판을 마련했다. 세계 디스플레이 시장에서 OLED가 차지하는 비중이 매년 커지는 만큼 중국과 일본의 추격 속도 거세질 것이 분명하다.[33]

56 폼팩터 다양화에 사활이 걸려 있다

한국 기업이 사는 길은 OLED 기술 격차를 벌리는 것이지만 동시에 폼팩터 다양화에 달려 있다. 지난 2년, 삼성 디스플레이는 폴더블과 슬라이더블 기술을 융합한 '플렉스 하이브리드' 기술을 선보였다. 화면 왼쪽에는 10.5인치 4:3 비율 폴더블, 오른쪽에는 12.4인치 16:10 비율 슬라이더블 방식 디스플레이가 적용됐다.

LG는 LG전자와 롤러블 TV를, 레노버와는 폴더블 노트북을 출시했다. 또한 자동차에서 사용할 수 있는 '18인치 슬라이더블 유기발광다이오드$_{OLED}$'도 업계 최초로 개발했다.

폴더블 폰이나 롤러블 폰 시장이 커지면 '힌지(경첩)'와 '플레이트 모듈' 관련 업체도 함께 부상한다. 롤러블 혹은 슬라이더블 패널에서도 두 가지 기술은 핵심이다. 물론 중국 BOE와 CSOT 등도 폴더블 디스플레이 시장에 출사표를 던졌다. 2023년 2월 화웨이, 샤오미, 오포, 모토로라도 폴더블 폰 또는 롤러블 폰을 선보였다.[34] 숨막히는 전쟁의 서막이 오른 셈이다.

57 중대형 투명 OLED 강자는 역시 LG디스플레이

삼성디스플레이와 LG디스플레이는 미래 성장 가능성이 큰 3대 신시장, 즉 차량용 디스플레이, 확장현실XR 디스플레이, 투명 디스플레이에도 주목했다. 투명 디스플레이는 화면 뒷면도 투명해서 디스플레이 자체가 유리처럼 투명하고 얇고 가벼운 새로운 기술이다. 투명 OLED는 TV, 각종 IT 기기, 자동차, 회의실, 집이나 사무실 창문, 박물관 유리벽, 지하철 스크린 도어 등 확장성이 무한하다. 보스턴컨설팅그룹BCG은 전 세계 투명 OLED 시장 규모가 2025년 3조 원대, 2030년 12조 원대에 이를 것으로 전망했다. 투명 OLED 기술의 핵심은 투과율이다. 차량 전면 유리를 투명 OLED로 바꾸려면 투과율이 70%를 넘어야 한다. 현재 상용화된 투명 OLED는 투과율이 40% 정도다. 현재 중대형 투명 OLED를 양산하는 회사는 LG디스플레이가 유일하다. LG디스플레이는 2020년부터 베이징을 비롯한 중국 주요 도시 지하철과 일본 JR 동일본 열차에 철도용 투명 OLED를 공급하고 있다.[35]

58 삼성디스플레이 이매진 인수, XR시장 본격 공략

2024년은 애플이 XR 기기를 내놓으면서 공간 컴퓨터 원년 선언을 한다. 눈에 가장 가깝게 접근하는 기기이기 때문에 어떤 기기보다 디스플레이 품질과 성능이 중요하다. 시장조사업체 카운터 포인트 리서치에 따르면, 2022년 전 세계 XR 기기 출하량은 1800만 대를 기록했다. 2024년 애플이 비전 프로라는 XR 기기 출시를 시작하면 성장세는 더욱 빨라질 것이다.

2023년 삼성디스플레이는 미국 디스플레이 업체 이매진eMagin을 2억 1,800만 달러(약 2,900억 원)에 인수했다. 이 회사는 마이크론 OLED의 다이렉트 패터닝dPd 기술을 보유했다. 차세대 AR, XR 구현에 필수 기술이다. 기존 OLED보다 전력은 적게 써서 배터리 수명을 늘리면서 휘도(화면 밝기)는 높다.[36] 전기차를 넘어 자율주행차가 되면 차량용 디스플레이 시장도 폭발적으로 성장할 것이다.[37]

59 디스플레이가 자동차 구매의 절대적 기준 된다

예측하건대, 전기자동차와 자율주행차를 비롯해서 다양한 개인용 자율주행 수송 장치에 장착될 디스플레이는 소비자 구매의 절대적 기준이 될 가능성이 높다.

현재 운전자 앞에 있는 대시 보드에는 기존의 바늘형 단순 계기판이나 버튼식 라디오 송수신기와 같은 기술적 잔재는 더 이상 찾아볼 수 없다. 지금의 대시 보드는 고도의 디지털 디스플레이로 전환되어 운전자에게 필요한 다양한 정보를 한눈에 제공한다. 디스플레이의 크기는 사용자의 정보 소비 욕구를 충족시키기 위해 점차 확대되고 있으며, 더욱 선명하고 빠른 반응성을 가진 고급 패널로 진화되고 있다.

60 이미 시작된 자동차 디스플레이 경쟁

2023년 포드는 고급 브랜드 링컨 중형 SUV 신형 노틸러스에 48인치짜리 디스플레이를 장작했다. 벤츠도 메르

2011년 제노바 모터쇼에 등장한 BMW M3 Coupe의 내부. 불과 10여 년이 지났을 뿐인데 이러한 대시 보드는 이제 낯설다.

세데스벤츠의 플래그십 전기차 세단 EQS에 운전석과 조수석 앞 센터페시아에 54인치 디스플레이를 장착했다.[38] 3개 패널을 하나로 이어 붙인 멀티디스플레이다. 시장조사업체 IHS마킷IHS Markit은 2026년에는 15인치 이상 센터스택용 디스플레이의 점유율이 41%까지 늘어날 것으로 전망했다. 차량 내부에 디스플레이를 장착하는 곳도 늘고 있다. 포르쉐 전기차 타이칸은 앞좌석에 총 47인치의 디스플레이를 탑재했다. 16.8인치 커브드 형태의 디지털 클러스터, 센터페시아와 조수석에는 듀얼 10.9인치 디스플레이, 8.4인치 공조 디스플레이 등 총 47인치의 디스플레이다.

삼성이 인수한 전장업체 '하만'은 확장형 디스플레이를 공개했다. 자동차 운전대가 접히고 메인 디스플레이가 확장되면서 운전자 전면을 꽉 채우는 신기술이다. 이 거대한 디스플레이를 통해 운전자는 넷플릭스를 보고, 유명 아이돌의 콘서트를 감상할 수 있다.[39] 이것은 디스플레이 시장 변화의 서막에 불과하다.

61 미래 디스플레이 시장, 8조 5천억 원도 작게 본 것이다

시장조사업체인 옴디아Omdia는 2026년 전 세계 차량용 디스플레이 생산량이 2억 3728만 대로 2022년 대비 23% 성장할 것으로, 전기차·자율주행차의 전장화 확대로 2026년 프리미엄 차량용 디스플레이 시장은 63억 6천만 달러(약 8조 5천억 원)까지 성장할 것으로 전망했다.[40] 이는 시장 성장 규모를 너무 작게 본 것이다. 미래 자동차에서는 차량의 내외부에 디스플레이 장착이 흔할 것이다. 외부에 부착되는 디스플레이는 개인의 아이덴티티를 반영하고 차량 외관을 운전자의 감정과 취향에 따라 동적으로 바꿀 것이다. 반면, 내부 디스플레이는 운전자나 탑승객에게 주행에 필요한 정보를 제공하는 것부터 영화를 보고 게임을 즐기고 메타버스를 탐험하고, 엔터테인먼트를 즐기고, 화상 회의를 하고, 동영상 강의를 시청하고, 원격 의료 상담과 진료를 받는 등 일상의 다양한 활동을 지원하는 필수 장치가 될 것이다. 특히 자율주행 시대에는 전방과 측면 유리, 심지어 천장까지도 투명 디스플레이가 부착될 것이다.

거주 및 사무 공간에서는 100인치를 초과하는 대형 디스플레이의 보급이 일반화될 것이며, 인터넷 기반의 다양한 콘텐츠와 메타버스 경험을 위하여 개인이 소유하는 모니터의 수요가 폭발적으로 증가할 것으로 보인다. 미래 디스플레이 기술은 인간의 눈을 뛰어넘는 해상도를 갖출 것이며, 형태와 크기, 심지어 구조까지도 사용자 요구에 맞게 변형될 것이다. 건물부터 옷, 웨어러블 기기, 로봇에 이르기까지 다양한 분야에서 디스플레이의 활용이 확대될 전망이다. 이런 미래가 현실이 되면 디스플레이 산업은 시장 규모와 종류에서 수십 배 확장된다.

> **기술 시대를 이해하기 위하여**
>
> **기술의 융복합을 기대하라**
> 제4차 산업혁명기의 대표 기술인 인공지능, 자유주행기술, 로봇, 가상현실, 증강현실, 혼합현실, 블록체인, 유전자 편집을 비롯한 1차 바이오테크 혁명 기술, 뇌-컴퓨터 인터페이스[BCI], 6G 통신 기술,

양자 컴퓨터 등의 기술이 융복합되면 다양한 혁신이 일어난다.

우선, 비약적 인간 개선Human Enhancement이 가능하다. 생물학적, 심리적, 물리적 한계를 넘어서는 기술이 인간 능력을 향상시키는 미래를 말한다. 지구온난화와 기후변화를 늦추는 혁신적인 자원 재생 및 재활용도 가능해진다. 저탄소 에너지는 물론, 지구 자원을 무한히 재활용할 수 있는 미래 가능성이 열린다.

헬스케어 4.0은 AI, 블록체인, 바이오테크가 결합하여 환자의 진단부터 치료, 재활까지의 전 과정을 정밀하게 관리하게 한다. AI는 첨단 의료 이미징과 유전자 데이터를 분석하여 정확한 진단을 내릴 수 있고, 블록체인은 의료 데이터의 투명성과 보안을 보장할 수 있다.

지속 가능한 도시 개발의 새로운 패러다임도 만들 수 있다. 자율주행 기술, IoT, AI, 재생 가능 에너지 기술을 결합하여 도시 운영의 효율성을 극대화하고, 자율주행 차량은 AI와 IoT로 연결되어 교통 흐름을 최적화하며, 재생 가능 에너지는 그러한 시스템이 지속 가능하도록 기능한다.

'사이버-물리적 제조'라는 새로운 미래도 만들 수 있다. AI, 로봇 공학, 블록체인, IoT의 결합으로 제조 과정이 완전히 자동화·최적화되고, 블록체인은 공급망을 투명하게 만들어 효율을 높이고, AI와 IoT는 실시간으로 데이터를 분석하여 제조 과정을 조정한다.

언어와 공간의 한계를 초월하여 작동하는 초개인화된 교육 시스템의 완성도 가능하다. AI, 가상현실, 블록체인을 결합하면 교육을 개인화하고 접근성을 높일 수 있다. AI는 학습 스타일과 속도에 맞는 커리큘럼을 개발하고, 가상현실은 체험형 학습을 가능하게 하며, 블록체인은 학력과 능력을 안전하게 저장하여 인증할 수 있다.

사회, 인간, 지구, 우주 개념을 재정의하다

발전, 진화, 혁신을 다시 융복합하면 문명 발전 속도를 높일 수 있다. 예를 들어, AI, 양자 컴퓨팅, 나노테크 등이 만드는 혁신 결과물을 재결합하면 전례 없는 연구 및 발전이 가능해진다. 양자 컴퓨팅은 복잡한 시뮬레이션을 수행하여 나노 물질의 새로운 특성을 예측할 수 있고, AI는 이러한 데이터를 분석하여 실제 응용 분야를 탐색한다.

양자-인공 지능 연구 네트워크도 만들어질 수 있다. 양자 컴퓨팅과 AI가 결합해 데이터 분석 및 연구의 새로운 차원을 열어준다. 고성능 양자 알고리즘은 AI의 학습 속도와 정확도를 혁신적으로 향상시킬 수 있고, 이를 통해 암부터 기후변화까지 다양한 문제에 대한 해결책을 빠르게 찾아낼 수 있다. 단순히 하나의 변화가 아니라 여러 변화가 상호 작용하며 새로운 가치를 창출하는 미래다.

삶의 질도 비약적으로 개선될 수 있다. 뇌-컴퓨터 인터페이스, 나노테크, 인간 개선 기술의 결과물이 재결합되어 인간의 생리학적 및 신경학적 한계를 극복하는 새로운 미래가 열릴 수 있다. 예를 들어, 신체 내부에서 질병을 조기에 발견하고 즉시 치료할 수 있는 시스템을 만들 수 있다.

시뮬레이션 기반의 우주 탐사 시대도 열린다. 양자 컴퓨팅, 나노테크, 인간 개선 기술이 결합되어, 현재의 우주 탐사 방식을 완전히 바꿀 수 있다. 양자 컴퓨팅은 복잡한 시뮬레이션을 가능하게 하고, 나노테크는 우주선과 우주복의 물질을 개선하며, 인간 개선 기술은 우주 환경에서의 생존 능력을 향상시킬 수 있다.

이러한 융복합적 재혁신은 단순히 기술적인 발전을 넘어 사회 구조, 인간의 존재 의미, 지구와 우주에 대해 생각하는 방식까지도 바꾸는 패러다임 전환을 가져오고 사회·경제적 문제에 대한 해결책 마련에 크게 기여할 수 있다. 전쟁 위험을 낮추고 불균형 분배의 부작용을 최소화하는 지구촌 공동체의 구현도 불가능한 미래가 아닌 것이다. BCI, 양자 컴퓨팅, 자원 재생 및 재활용 기술을 융합하면 모든 지구 생명체에 이로운 지속 가능한 사회를 구축할 수 있다. 자원 재활용 기술을 통해 환경 문제를 해결하고, 양자 컴퓨팅과 AI를 활용해 그에 따른 데이터를 효율적으로 관리하며, BCI를 통해 이러한 정보와 지식을 사람들과 실시간으로 공유할 수 있다. 인간 개선 기술, 나노테크, 양자 컴퓨팅, BCI 등이 결합되어 신체적 한계를 넘어선 능력과 지능을 평등하게 가지는 미래도 가능하다.

제5차 산업혁명기를 생각해본 적 있는가

질문 하나가 떠오를 것이다. "과연 이런 미래가 가능할까?" "가능하다면, 언제쯤 일까?" 이 질문에 답하려면 "현재 그리고 앞으로 10~30년은 어떤 시대인가?" 라는 질문을 먼저 해야 한다.

시대를 분류하는 다양한 기준이 있다. 미래학자 제러미 리프킨은 에너지와 에너지 사용기관 분류 기준에 따라 시대를 구분했다. 그에 따르면, 현재 그리고 앞으로 10~30년은 제3차 산업혁명기이다. 그는 제3차 산업혁명을 산업혁명의 마지막 단계로 규정했다. 그래서 그가 말하는 제3차 산업혁명기는 매우 길다. 21세기 말을 넘어 22세기까지 진행될 수 있다. 리프킨은 제3차 산업혁명기를 이끄는 재생 가능한 에너지 기술이 가정·사무실·공장에서 자신만의 녹색 에너지(재생 가능한 에너지)를 생산하고, 전 세계 사람이 인터넷 기반의 '지능형 에너지 네트워크'를 통해 자신이 생산한 에너지를 교환하는 단계(에너지 민주화, 한계비용제로 사회로의 진입)에 이르면 수천 년 인류 문명의 발전은 완성에 다다르는 것으로 예측했다.

세계경제포럼의 클라우스 슈밥 회장은 변혁transformation을 가져오는 혁명적 기술을 시대를 구분하는 기준으로 사용한다. 그의 견해에 따르면, 현재 그리고 앞으로 10~30년은 제4차 산업혁명기다. 클라우스 슈밥은 인공지능과 로봇, IoT, 빅데이터 기술의 혁명을 통해 실재와 가상이 통합되고 사물을 자동적·지능적으로 제어할 수 있는 가상 물리 시스템의 구축이 완성되고, 생산기기와 생산품 간 상호 소통 체계를 구축할 수 있는 기반이 구축되는 초연결 사회를 제4차 산업혁명기의 완성 단계로 규정했다. 클라우스 슈밥의 기준을 적용하면 제5차 산업혁명기도 온다. 필자는 그 시기를 2050년 전후로 예측한다. 제4차 산업혁명기가 절정에 달해서 거의 모든 산업의 생산과정 전체가 역사상 가장 놀라운 수준으로 최적화되면 제5차 산업혁명이 일어날 것이다.

인간 존재 자체의 변혁을 꾀하는 혁명

제1~3차 산업혁명까지는 인간 삶의 수준과 활동의 범위를 바꾸는 것을 목표로 진행되었다. 제4차 산업혁명은 생산기반과 시스템의 새로운 변혁을 이루어 낸다는 측면에서 산업産業(생산활동)의 혁명이지만, 미래 모습(미래 결과) 측면에서는 인간의 지능과 육체를 비약적으로 증강augmentation, strengthen시키는 혁명이다. 그래서 제4차 산업혁명기를 '정보지능혁명 시대'라고 칭한다.

제5차 산업혁명은 이런 변화의 기반 위에서 시작된다. 제5차 산업혁명의 별칭은 '인간혁명 시대人間革命 時代'다. 제4차 산업혁명에서 나타나는 새로운 제조 방식과 새로운 노동 방식, 인공지능과 로봇의 자동화 등은 최종적으로 인간 삶의 질, 활동의 범위를 향상시키는 것으로 귀결될 것이다.

제5차 산업혁명은 인류 역사상 최초로 기술이 인간의 두뇌 및 신체 개발에 직접 적용되어 인간 자체에 비약적 변혁을 일으키는 시대가 될 것이다. 제5차 산업혁명부터는 인간의 몸, 정신, 뇌 등의 비약적 발전이 지속되는, 인간 존재 자체의 변혁이 작동축이 된다. 그렇기 때문에 바이오, 나노 기술이 산업혁명의 주도 기술로 부각하는 시점도 제5차 산업혁명기일 것으로 예측한다.

2024년 MT
배터리, 치킨게임을 거쳐 꿈의 배터리로

62 **배터리 치킨게임 승자의 조건**

2024년 에너지 관련해서 무엇에 가장 주목해야 할까? 바로 배터리다. 사업 규모도 크고 활용 범위도 넓다. 기술 발전 또한 빠르다.

2023년 철강의 대명사였던 포스코는 이차전지 소재 분야에서의 도약을 위해 핵심원료부터 소재까지, '완결적인 밸류 체인Full Value Chain' 구축에 그룹의 미래 사활을 건다고 선언했다. 이차(2차) 전지란 한 번 쓰고 버리지 않고 몇 번이고 재충전을 할 수 있는 전지를 가리키는 단어다. 전기차 배터리가 대표적인 이차전지다.[41] 포스코는 앞으로 3년 동안 그룹 전체 투자의 46%를 이차전지 소재 사업에 쏟아 부어 2030년까지 총 매출액 62조 원을 달성하겠다는 계획을 발표했다. 리튬 생산능력은 총 42만 3천t(매출 13조 6천억 원), 고순도 니켈은 24만t 확보(3조 8천억 원), 리사이클 사업을 통한 리튬·니켈·코발트 등 7만t 생산능력 확보(2조 2천억 원), 양극재 100만t 체제 구축(36조 2천억 원), 음극재 37만t 체제(5조 2천억 원), 차세대 소재 9400t(1조 원) 등이 달성 목표다. 이 중에서 눈에 띄는 사실은 양극재 사업이 총 목표 매출의 절반을 넘는다는 점이다.[42]

전기차 배터리 영역의 게임체인저는 전고체 전지다. 하지만 꿈의 배터리라고 불리는 전고체 전지 대량 양산은 가장 빨라야 2027년이다. 앞서 2024년부터 전기차 시장에서 제1차 치킨게임이 시작될 것이라고 예측했다. 배터리 분야 또한 중국 업체의 추격이 거세지는 가운데 완성차 회사가 배터리 자급을 선언하는 상황이 오면 치킨게임이 벌어진다. 창의적 시장 개척, 가격 인하, 규모의 경제를 실현한 플레이어가 승자가 될 것이다.

63 창의적 시장 개척자를 찾아라

'자율주행 선박' 사례가 창의적 시장 개척의 좋은 예다. 시장조사기관 마켓스 앤 마켓스는 세계 자율운항 선박 시장 규모가 2030년 143억 달러까지 증가할 것으로 전망했다. 한국은 조선 강국이다. 자율주행 기술도 세계 선두 그룹에 속해 있다. 자율운항 선박에도 배터리가 탑재된다. 산업통상자원부와 해양수산부는 2030년 자율운항 선박 시장의 50%를 선점한다는 목표를 세웠다.[43]

일본 기업 파워엑스는 해로를 통해 전기를 옮기는 신개념 수송선을 개발하고 있다. 이 수송선은 원유가 아닌 전기를 수송한다. 전기를 수송하려면 거대한 배터리 팩이 필요하다. 그래서 140m 선체에 2만 가구의 하루치 전력량 담은 이차전지를 가득 실을 수 있는 '배터리 탱커' 개발을 추진 중이다. 일명 '바다 위를 떠다니는 초대형 배터리'다.[44]

2023년 6월 티맵모빌리티는 T맵 전기차 충전배달 서비스를 출시했다. 전기차 운전자가 충전소를 찾아가는 대신, 전기를 실은 충전차가 배달을 가는 방식을 제안한다. 국내에는 충전 인프라가 전기차 1대당 충전기 0.4개 비율로 매우 낮다.[45] 전기차 충전 시장은

2030년까지 427조 원까지 성장할 예정이다. 그래도 부족하다.

64 가격 인하 전략의 핵심은 에너지 밀도 향상

배터리 가격 인하 전략은 배터리 1kg 혹은 1m³에 얼마의 에너지를 저장하느냐 즉, '에너지 밀도' 향상이 관건이다. 2024~2026년까지 3년 동안은 임시적이거나 브릿지 기술을 사용해서 이 목적을 달성하려고 노력할 것이다. 일례로, 2024년 삼성SDI은 에너지 밀도를 10% 이상 높이고 급속충전 성능을 개선한 6세대 'P6' 배터리를 양산할 예정이다.[46] 한국 정부는 전기차용 이차전지 시장에서 30% 이상을 차지하는 리튬·인산·철(LFP) 배터리 분야에서 세계 최고 품질을 확보하는 데 2026년까지 총 200억 원 이상 R&D 예산을 투입한다. LFP 배터리는 니켈·코발트·망간(NCM) 가격이 오르면서 상대적으로 가격 경쟁력을 갖게 돼 2020년 16% 점유율에서 2022년에는 35%까지 증가했다. 단점은 에너지 밀도가 낮다는 것이다. 하지만 이 약점 때문에 화재 위험도는 상대적으로 낮아진다. 세계 인산·철 배터리의 대부분은 CATL 등 중국이 장악하고 있다. 정부는 에너지 밀도 향상에 기술을 집중하여 경쟁력과 품질이라는 두 마리 토끼를 잡는다는 전략이다.[47]

전기차에 변속기를 다는 것도 이 시기에 나올 수 있는 대안이다. 10단 20단 기어변경 자전거처럼 전기차에도 변속기를 장착하면 오르막길에서 에너지 효율성이 높아져 배터리 수명이 늘어난다. 변속기를 달면 단위당 에너지 소모가 줄어서 모터와 인버터 등 장치의 온도를 낮출 수 있고, 따라서 부품 수명도 늘어난다. 게다가 배터리 크기도 줄일 수 있어서 가격 인하 요소도 된다. 2022년 국내 한 스타트업이 전기이륜차용 7단 자동변속기를 개발했다. 주행거리는 30~50% 늘었고, 모터 온도는 냉각장치가 필요 없는 수준인 약 60도를 유지했고, 오르막길 등판 능력도 뛰어났다.[48] 전기차에 변속기를 탑재하는 것은 전고체 전지로 가는 중간 단계에서뿐만 아니라 이후에도 유용한 전략이다.

반고체 전지도 주목할 브릿지 기술이다. 현재 사용하는 리튬이온 전지와 전고체 전지의 중간 단계다. 반고체 전지는 주행거리는 30% 늘고, 90%까지 충전하는 데 필요한 시간을 12분까지 줄일 수 있다.[49] 음극재는 배터리 충전할 때 양쪽 극에서 발생하는 리튬이온을 저장하고 운전 시 방출하는 역할을 한다. 리튬이온 저장 규모가 커지면 에너지 밀도가 개선된다. 이런 역할 때문에 음극재는 충전 속도와 배터리 수명에 직접 관계한다. 현재는 저렴하고 조달이 쉬운 흑연이 주 소재다. 하지만 에너지 밀도가 낮다는 단점이 있다. 충전 속도 개선에도 한계가 있다. 그래서 일부 테슬라 등 고가 전기차에서는 실리콘 소재를 5% 정도 섞어서 단점을 보완하는 시도를 한다. 하지만 실리콘 소재는 시간이 지나면 배터리가 부풀어 오르는 문제를 일으킬 가능성이 높다. 반고체 전지는 음극재에 흑연 대비 에너지 밀도가 10배 정도 높은 '리튬메탈'이라는 신소재를 적용한다. 무게도 가벼워서 연비 향상에도 도움이 된다. 동일 무게에서 흑연 대비 50% 많은 리튬이온을 저장할 수 있어서 부피를 줄이거나 충전 속도를 높일 수 있다. 단점은 화재와 폭발 위험성이 높아진다는 것이다. 단점을 극복하려면 두께를 얇게 하는 가공 기술을 확보해야 한다.[50]

65 궁극의 배터리, 전고체 전지는 언제 나올까?

궁극적 해법은 전고체 전지로 방향을 전환하는 것이다. 2027년이면 배터리 업계 게임체인저로 불리는 전고체 전지 대량 양산이 시작될 수 있다. 배터리 4대 요소는 양극재, 음극재, 전해액, 분리막이다. 이 중에서 전고체 전지는 리튬이온을 이동시키는 전해액 소재를 고체로 바꾼 것이다. 장점은 외부 충격에 강하다는 점이다. 현재 전기자동차 배터리의 위험 요소 중 하나는 화재 및 폭발 위험이다. 지금의 전기차는 외부 충격이나 내부 문제로 배터리 하나에 불이 붙으면 단 몇 초 만에 열폭주가 일어나 바닥에 깔려 있는 배터리 전체에 불이 붙는다. 몇 초 만에 운전자나 승객이 탈출에 실패하면 재앙적 사건이 벌어진다. 전고체 전지는 화재 및 폭발 위험을 크게 낮춘다. 분리막 등 여러 요소를 대체할 수 있어서 에너지 밀도를 높이고, 따라서 주행거리도 늘린다. 과히 전기차 배터리의 게임체인저라 할 만하다.[51]

66 전고체 전지와 함께 뜨는 드라이룸 생산 기업

전고체 전지가 부상하면 함께 뜨는 기술도 주목할 필요가 있다. 예를 들어, 드라이룸 생산 기업을 들 수 있다. 드라이룸은 공기 중 수분량을 일정 수준 이하로 제어한 공간이다. 기존 배터리 제작에서 드라이룸은 상대 습도 10% 이하, 노점(이슬점)은 영하 10도 이하였다. 전고체 전지 제작에 사용되는 황화물과 산화물 등은 수분과 반응하면 유해가스가 발생하기 때문에 드라이룸의 적정 온도가 영하 70도 이하까지 내려가야 한다.[52]

2024년 MT
블록체인과 블록체인 열매들

67 2024년 세계 최초 가상자산법 '미카' 시행

2024년은 유럽 의회가 세계 최초로 통과시킨 가상자산법 '미카'가 시행되는 해다. 이 법안은 가상자산에 대한 포괄적인 규제를 담았다. 핵심은 가상자산 서비스 제공자CASP는 사업자 라이선스를 획득해야만 사업을 시작할 수 있다는 것이다. 사업자 면허를 획득하려면 가상자산 백서는 기본이고, 자본 요건과 법제 준수 여부, 투자자 보호 조치 추진 여부 등에서 심사를 통과해야 한다. 가상자산의 정보 제공 의무와 내부자 정보를 통한 거래 금지도 명문화했다. 스테이블 코인은 100% 이상의 준비금을 갖춰야 하고, 법정화폐로 상환할 수 있게 했다. 스테이블 코인을 구성하는 자산 유형 등 발행자에 대한 공시도 제도화했다. 2024년에는 미국도 '책임 있는 금융 혁신 법안' 등 가상자산에 대한 규제 내용을 담은 법안이 시행될 가능성이 높다.[53]

68 제2세대 암호화폐 시장 열린다

각국의 가상자산 규제 강화는 이미 예견된 미래다. 암호화폐 시장 발전 단계를 4개 구간으로 구분하고 미래를 예측해 보자.

제1기는 '1세대 암호화폐 발행 시작' 단계다. 이 단계는 원초적 발행 단계로 비트코인, 이더리움(2015년 7월 30일 첫 채굴 시작) 등 첫 번째 세대 암호화폐의 탄생을 볼 수 있었다. 그러나 이들은 아직 초기 단계의 기술로, 발전 가능성과 한계가 함께 존재했다.

제2기는 '과도기' 단계다. 암호화폐가 투자시장에서 각종 파생상품으로 발전하는 동시에 규제 움직임이 진행된다. 현재 그리고 2024년도 제2기에 속한다. 규제 환경은 국가마다 다르며, 이는 암호화폐와 가상자산 시장의 적정한 운영과 규제가 아직 확립되지 않았기 때문이다. 제2기에서는 제1세대 암호화폐 간 생존 경쟁도 치열하고 가격도 천차만별이다. 암호화폐를 빌미로 사기와 파산 위험이 넘쳐난다.

제3기는 암호화폐에 대한 '글로벌 규제 완료' 단계다. 미국, 유로존, 일본 등의 기축통화국 중앙은행이 디지털 법정화폐CBDC: Central Bank Digital Currency를 발행 완료하면 이 단계로 진입한다. 디지털 법정화폐의 위치, 역할, 규모가 정해진 후에 기존 민간 암호화폐도 어디까지 규제, 허락할 것인지 결정된다. 가상자산에 대한 규제도 완성된다.

제4기는 강력한 암호화 기술을 기반으로 한 디지털화폐 혹은 가상화폐가 현재의 종이돈을 제치고 '지배적 위치에 올라서는' 시대다. 새로운 글로벌 규제안에 맞게 제2세대 암호화폐 발행도 시작된다. 제2세대 암호화폐가 법정화폐 지위를 얻을 가능성은 매우 낮다. 대체통용화폐의 지위는 얻을 수 있다. 대체통용화폐Representative Currency는 "금전의 출납을 하지 않고 장부상의 대체에 의하여 발휘되는 화폐를 말한다. 통상적으로, 외화, 채권, 신용화폐, 상품권, 지역화폐 등이 대체통용화폐에 속한다. 법정화폐를 보조해서 경제금융시장의 화폐 유동성을 순탄하게 만든다.

제2세대 암호화폐에는 세 가지가 있다. 비트코인을 비롯한 제1세대 암호화폐 중에서 글로벌 규제를 통과해서 살아남은 것이 첫 번째다. 두 번째는, 기업이 실물자산이나 자사 네트워크를 페그peg(고정, 연결)해서 변동성이 적고 예측 가능한 가격을 유지하는 새로운 암호화폐를 들 수 있다. 자신들이 발행한 NFT에 일정한 금융 가치(고정 이자 수익)를 부여하여 시장에 내다판 후 일정기간 후에 다시 재구매하여 회수하는 'NFT 채권' 시스템을 구축하는 것도 포함된다. 세번째, 현실 세계의 부동산이나 상품, 음악 저작권이나 메타버스 안의 디지털 상품 등 디지털 자산에 연동된 '자산기반 증권화 토큰digital assetbacked securities'이 있다.

69 3조 1,000억 달러짜리 블록체인 시장을 잡아라

많은 사람이 암호화폐와 가상자산에 몰두하고 있다. 하지만 사실 그 기반이 되는 기술인 블록체인을 더 주시해야 한다. 블록체인은 미래 사회에 근본적인 변화를 불러올 혁신적인 기술 패러다임이다. 블록체인 기술이 단순히 거래 수단으로의 암호화폐 발행을 넘어 공정하고 안전한 스마트 계약과 증명의 새로운 패러다임을 제시할 수 있기 때문이다. 시장조사업체 가트너는 블록체인이 창출하는 비즈니스 가치를 2030년까지 3조 1,000억 달러로 추정한다. 보스턴컨설팅그룹은 블록체인 기술을 기반으로 한 금·은·부동산 등의 '비유동자산의 토큰 증권' 시장이 2030년까지 16조 달러에 달할 것이라고 전망했다.[54] 하나금융경영연구소에 따르면, 국내의 토큰 증권 시장 시가총액이 2024년에는 34조

원, 2026년에는 100조 원, 2030년에는 367조 원까지 커질 것으로 전망했다.[55]

블록체인의 본질은 중개자 없이도 거래와 계약을 안전하게, 투명하게 진행할 수 있는 '분산 원장 기술'에 있다. 이러한 특성은 금융 거래에서부터 공공 서비스, 심지어는 정치적 결정 과정에 이르기까지 다양한 영역에서 중개인을 필요 없게 만들고, 따라서 그만큼의 비용과 시간, 부정행위의 위험을 줄인다. 암호화폐나 가상자산은 블록체인이라는 기반 기술이 없이는 존재할 수 없는, 이러한 변화의 일부분일 뿐이다. 따라서 암호화폐와 가상자산은 블록체인이 만들어내는 혁신의 '초기' 적용 사례에 지나지 않는다.

70 최소한의 블록체인

3조 1,000억 달러짜리 시장을 읽고 싶다면 최소한의 블록체인 개념은 알고 가자.

블록체인 기술은 데이터베이스 기술의 일종이다. 블록block이 잇따라 연결chain되고, 블록에는 데이터가 저장된다. 블록은 바디body와 헤더header로 구분된다. 거래자 A와 B가 거래를 확정하면 바디에는 거래 내용이 저장되고, 헤더에는 거래 내용을 해시화한 값Merkle Root(머클루트)이나 논스nounce라고 부르는 암호화와 관련된 임의의 수 같은 암호 코드가 담긴다. 해시Hash 함수는 블록들을 하나의 체인으로 결합하는 역할도 한다. 해시 함수는 어떤 데이터를 입력해도 같은 길이의 결과를 도출한다는 특성 때문에 원본 데이터의 변경 여부를 쉽게 파악할 수 있어 보안성이 뛰어나다. 이 체인은 '분산 원장'의 형태로, 네트워크에 참여하는 모든 컴퓨터에 복제되어 저장된다. 이런 원리와 구조 때문에 블록체인을 분산형 데이터베이스 시스템 기술이라 부른다. 이 분산성은 중앙 집중식 데이터베이스의 취약점을 해결하는 동시에 단일 지점의 공격에 대해 본질적으로 저항하는 특성을 부여한다. 즉, 네트워크 일부가 공격받아도 시스템 전체가 한 번에 붕괴되거나 마비되는 대혼란을 피할 수 있다.

블록체인 데이터베이스는 네트워크 참여자에게 두 세트의 암호화된 키를 발행한다. 네트워크 참여자 모두에게 공통적으로 발행하는 '퍼블릭 키'와 한 사람에게만 발행하는 '프라이빗 키'다. 프라이빗 키와 퍼블릭 키가 동시에 작동해야 원장의 데이터 잠금 해제가 가능하다. 그만큼 보안성이 높아진다. 높은 보안성 때문에 블록체인 시스템 안에서는 정부, 은행, 법무법인, 공인중개사와 같은 제3자가 거래를 보증하지 않아도 거래 당사자끼리 매우 안정적으로 가치를 교환할 수 있다. 거래 보증을 책임지는 제3자에게 지불해야 하는 중간 비용도 사라진다.

71 블록체인과 비트코인

블록체인 기술이 처음 적용된 사례가 비트코인이었다. 그래서 비트코인 같은 암호화폐가 블록체인 기술과 동일시되는 오해가 널리 퍼져 있다. 블록체인 기술은 데이터베이스 암호화 기술이고, 암호화폐는 블록체인 네트워크에의 참여를 독려하기 위해 사용된 일종의 '인센티브'다.

당근으로 제공되는 암호화폐는 채굴이라는 작업으로 획득할 수 있다. 채굴을 하려면 상당한 컴퓨팅 리소스가 소요된다. 소프트웨어 프로세스도 복잡해서 시간도 오래 걸린다. 채굴자는 이런 수고를 모두 감당하는 댓가로 소량의 암호화폐를 얻는다. 왜 블록체인 네트워크는 이런 인센티브를 제공할까? 네트워크 참여자를 늘리고, 채굴자의 행위를 통해 거래 기록, 거래 수수료 징수 등 자동으로 이루어지는 효과를 얻기 위해서다. 참고로, 블록체인의 분산원장 기술에 기반하여 '탈중앙화'와 '정보의 개인 소유'를 지향하는 것을 '웹 3.0'이라고 부른다.

72 제2세대 블록체인으로 할 수 있는 것들

블록체인 기술은 2세대를 걸쳐 발전하는 중이다. 제1세대는 2008년 사토시 나카모토 Satoshi Nakamoto라는 가명을 사용하는 개인 또는 그룹이 비트코인 블록체인 시스템을 시작하면서 열렸다. 제2세대는 이더리움 개발자들이 블록체인 기술을 암호화폐에 국한하지 않고 자산 전송 및 거래 등에 사용하면서 시작되었다. 공정하고 안전한 스마트 계약 등 다양한 블록체인 애플리케이션은 제2세대 기간에 등장했다.

현재 블록체인 기술은 다양한 영역에서 활용되고 있다. 에너지 섹터에서는 블록체인을 활용해 P2P 에너지 거래 플랫폼을 구축함으로써 재생 가능 에너지 접근의 간소화와 민주화를 동시에 실현하고 있다. 블록체인은 보수적인 금융 시스템에도 혁신을 가져왔다. 은행과 증권 거래소는 블록체인 기술을 활용하여 온라인 지급,

계정 관리, 시장 거래의 투명성과 안전성을 높이고 있다.

문화와 창작 영역에서 블록체인은 저작권 정보의 무결성을 보장하는 신뢰할 수 있는 메커니즘을 제공한다. 이는 창작자의 지식과 노동에 대한 적절한 보상을 지급할 수 있도록 한다. 물류와 공급 체인에서 블록체인은 상품 원산지부터 최종 소비자에 이르는 전 과정을 추적 가능케 해서 신뢰성 있는 공급망을 구축한다.

게임에도 블록체인 기술이 널리 사용된다. 게임에서 획득한 아이템, 실시간 게임 변경 사항 등을 안전하게 저장 및 관리할 수 있다. 중요한 자산의 위변조를 막는 데도 사용될 수 있다. 선거에서는 투표자의 신분을 증명하고 투표 결과의 위변조를 원천차단 할 수 있다. 정치 후원금의 경로도 역추적이 가능하고, 홍채 등 자기 신체 정보로 신원을 증명하는 시스템 구축도 가능하다.

우리나라 부산시는 블록체인 규제 자유특구, 블록체인 기반 해양물류 플랫폼 사업을 시작했다. 수산물의 원산지부터 유통과정까지 실시간 유통 경로를 블록체인 데이터베이스 시스템 활용으로 책임 관리를 보장하겠다는 취지다. 블록체인이 공공 분야에서도 중요한 사회적 가치를 창출한다는 사실을 보여주는 좋은 사례다.

73 지멘스, 821억 원 규모의 디지털 채권 발행

2022년 11월 세계 최대 자산운용사인 블랙록의 회장 래리 핑크는 "다음 세대의 증권과 시장은 자산의 토큰화가 이끌어 갈 것이다"는 전망을 내놓았다. 미래에는 주식·채권·부동산 등 실물 자산은 물론이고 와인이나 선박 등 대체 자산까지 블록체인의 분산 원장 기술을 활용해 투자하고 거래하는 세상이 곧 올 것이란 예측이다. 미래 디지털 금융 혁신의 중심에 '자산의 토큰화STO, Security Token Offerings(토큰 증권 발행)'가 자리 잡을 것이라는 의미다. 2023년 2월 독일 기업 지멘스가 블록체인을 통해 1년 만기 6천만 유로(약 821억 원) 규모의 디지털 채권을 발행했다. 블록체인 기술을 사용했기 때문에 투자은행을 끼지 않고 투자자에게 직접 판매됐다. 물론 중앙의 통제와 서류 기반의 실물 글로벌 인증서도 필요 없었다.[56]

74 NFT, 자산의 토큰화 시대

NFT의 새로운 미래 가능성을 만드는 데도 블록체인 기술은 필수다. NFT는 대체 불가능 토큰nonfungible token의 약자다. 비트코인, 이더리움 등의 암호화폐는 하나의 토큰을 다른 토큰으로 대체하는 것이 가능하기 때문에 대체 가능 토큰fungible token이다. 대체 불가능 토큰은 다른 토큰과 1:1로 대체가 불가능하다. 레오나르도 다빈치의 〈모나리자〉 그림은 다른 화가의 그림과 1:1로 대체가 불가능하다. 자체로 세계에서 하나 밖에 없는 유일무이한 것이기 때문이다.

NFT는 디지털 그림, 영상, 게임 아이템 등 유일무이한 해당 디지털 자산의 소유 및 거래내역을 블록체인에 영구적으로 남기는 방식으로 고유성을 보장받는다. 미래에는 부동산, 탄소배출권 시장 거래에도 NFT가 활발하게 쓰일 것이다.

2023년 CES(국제 전자제품 박람회)에서 삼성전자는 NFT를 거래하고 감상할 수 있는 스마트TV를 공개했다. LG전자는 NFT 아트 플랫폼을 시작했고, HDC현대산업개발과 LX인터내셔널은 미술작품 전문 NFT를 취급하는 업체와 공동으로 NFT 전시사업도 했다. 일본의 미쓰이 물산은 온천 시설과 거주용 부동산 등을 토큰 증권으로 발행했다.

2022년 SK증권은 부동산 조각 투자 플랫폼 기업인 펀블과 공동으로 롯데시그니엘 1개실을 토큰 증권 기반의 부동산 조각 투자 플랫폼에 출시해 판매했다.[57]

75 진본 여부가 중요한 모든 곳에

암호화폐의 미래는 부침이 많고 불확실성도 높다. 반면 블록체인 기술은 밝다. 먹거리부터 의료, 보험, 금융, 제조, 법률, 예술품의 진품 감정, 위조화폐 방지, 차량 공유 증명, 공공 서비스, 모바일 면허증, 전자 주민등록증, 코로나19 백신 접종 기록 등 '데이터의 진본 여부 파악'이 필수인 분야와 공정하고 안전한 계약과 증명이 요구되는 모든 곳에 사용 가능하기 때문이다. 이 모든 것이 중개인 없는 미래로 전진할 사회의 단면일 뿐이다.

2024년 MT
현실화되는 하늘을 나는 자동차

76 UAM, 2025년이 상용화 원년

'하늘을 나는 자동차'를 맞이할 날이 손에 잡힐 듯 와 있다. 2024년 서울시는 하늘을 나는 자동차의 여의도·잠실 노선 실증사업을 추진한다. 일명 UAM Urban Air Mobility, 도심항공교통 사업이다. UAM은 활주로 없이 수직 이착륙해 공중에서 이동하는 도심형 항공 교통 체계다.

서울시와 국토교통부는 2023년 도심항공교통의 전반적인 안전성 검증을 위해 개활지에서 1단계 실증사업을 실시하고, 2024년에는 수도권 아라뱃길-한강-탄천에서 2단계 실증사업을 추진한다는 계획이다. 본격적인 상용화 시작은 2025년이다.[58]

우리나라 지자체 간에도 UAM 사업 경쟁에 불이 붙었다. 경기도, 인천시 등은 국토부와 UAM 사업을 협력 중이다. 제주도도 2025년 제주형 UAM JUAM 상용화 목표를 밝혔고, 충청북도는 도비 35억 원을 투입해 드론·UAM 연구센터를 가동 중이다. 대구시는 2030년 대구경북 신공항 개항에 맞춰 UAM 상용화를 시작한다는 계획을 갖고 있다. 전라남도도 남해안 관광벨트, 긴급수송 등과 관련해 'UAM 항로 개설 연구' 용역을 시작했다. UAM 시장 규모는 2040년 1조 4,740억 달러(1,924조 원)에 달할 것으로 전망된다.

프랑스는 2024년 개최되는 파리올림픽 기간 UAM 시범 운영을 하고, '에어 택시'로 불리는 이동 수단인 개인용 비행체 PAV, 파브 운항도 계획 중이다.[59]

우리나라 새만금에서는 시속 1000km로 달리는 미래 교통수단 하이퍼 튜브 HyperTube 시험 계획도 있다.

77 스페이스X가 투자한 비행 전기차 '모델A', 상공에서 177km 이동 가능

미래 운송 산업은 수직 이착륙 비행체를 시작으로 AI 자율자동차 및 자율비행체, 하이퍼 튜브, 성층권 드론 등으로 확대된다.

2023년 7월 2일 미국 스타트업 알레프 에어로노틱스Alef Aeronautics는 미국 연방항공청FAA으로부터 자사 비행 전기차 '모델A'에 대한 특별감항증명을 발급받는 데 성공했다. 미국 내 최초다. 이 회사는 일론 머스크의 우주기업 스페이스X가 개발 자금을 지원하고 있다. 감항堪航이란 비행기가 하늘을 날기에 적합한 안전성과 신뢰성을 갖추는 것을 말한다. 하늘을 나는 모든 비행체는 감항 증명을 획득해야 한다. 특별감항증명은 연구개발용 비행체에 발급되는 임시허가증이다. 알레프 에어로노틱스가 만든 비행 전기차 모델A는 두 명까지 탑승 가능하고, 도로 주행 및 수직 이륙 능력을 갖췄으며, 수평으로 날아갈 때 자동차 측면이 날개가 된다. 배터리를 완충하면, 도로에서 약 322km, 상공에서 약 177km를 이동할 수 있다. 가격이 30만 달러(약 3억 9,300만 원)에 달하지만 3개월 만에 440명이 예약 구매를 신청했다.[60]

78 용인 구성역에 지하, 땅, 하늘을 잇는 복합환승센터 짓는다

현재 우리나라에서는 영국 미래항공모빌리티AAM 인프라 기업 스카이포츠Skyports가 한국해양대 기술지주 자회사인 해양드론기술과 합작해 선박에 실린 물품을 항만까지 드론으로 운송하는 서비스를 부산항과 여수항에서 시범 시행 중이다. 이 서비스는 방위산업에도 활용할 수 있다. 스카이포츠는 2025년부터 시작될 도심항공교통의 서울-김포 노선을 위한 수직 이착륙장 사업에도 뛰어들 계획이다.[61]

우리나라 국토교통부가 목표하는 '도서벽지 드론배송 서비스' 상용화 전면 시작 시점은 2027년이다. '도심 드론배송 서비스' 상용화 시작은 2032년이다. 정부는 2023년 말까지 드론 전용 비행로와 이·착륙장 등 드론배송 표준 모델을 완료한다. 2027년까지는 관제 정보를 통합하는 드론교통관리시스템UTM을 만들고, 2028년에는 고층건물 배송주소(3차원 배송주소)를 마련한다.[62] 도심항공교통 서비스, 도심 드론배송 서비스 등은 도시 공간에서 저고도의 공중을 활용한 새로운 항공운송 생태계를 탄생시킨다.

하이퍼 튜브 기술은 KTX 고속 열차를 뛰어넘는 초고속 이동의 기회를 제공한다. 이뿐만이 아니다. 국토의 미래 지형까지 바꾼다. 고속철도, 고속버스 등의 기존 교통수단에 도시 공간의 저고도 항공교통수단이 결합되고, 나아가 하늘을 나는 개인용 자동차까지 통합하는 미래가 온다. 이런 미래 모빌리티 기술 발전은 도시 공간을 이용하는 방식의 변화를 불러 오고, 그것은 다시 도시 공간의 구조 자체를 바꾸는 강화 피드백을 작동시킨다.

일례로, 경기도 용인 구성역의 변화 계획을 보자. 구성역은 지하철 역사다. 이곳 상부에는 고속버스나 시외버스가 정차하는 EX-Hub(고속도로 환승시설)가 건설 중이다. 여기에 UAM 버티포트(UAM 전용 이착륙장) 추가 건설도 구상 중이다. 이른바 철도와 도로, 하늘을 모두 잇는 '미래형 복합환승센터'이자 '모빌리티 허브'다. 이런 미래형 복합환승센터 구축 계획은 서울역, 청량리역, 삼성역, 용산역, 수원역 등에서 검토 중이다. 지방에서는 오송역, 대전역 등에서 추진을 검토 중이다. 미래형 복합환승센터가 완공되면 더 많은 사람이 오간다. 유동성이 큰 만큼 새롭고 혁신적인 비즈니스 기회가 생긴다. 미래형 복합환승센터와 하이퍼 튜브 노선을 도심 대중교통 노선과 연결하면 이동 범위는 넓어지고 속도는 빨라지면서 원도심 재생의 원동력도 만들 수 있다. 소멸 지역을 살릴 수 있는 길도 탄생할 수 있다.[63]

2024년 MT
6G를 잡으면 미래를 잡는다

79 5G를 넘어 6G 통신이 필요한 이유

우리가 앞서 본 갖가지 변화는 통신 기술이 뒷받침한다는 전제에서 전개된 것이다. 엄청난 규모의 데이터를 실시간으로, 멈춤 없이, 최적으로 주고받을 수 없다면 도심항공교통도, 드론도, 자율주행 자동차, 블록체인 등 모든 미래 산업의 꿈은 느리게 진행될 수밖에 없다.

도심항공교통UAM을 생각해 보자. UAM은 300~600m 운항 고도에서 150~300km/h 운항 속도를 기록한다. 우선, 현재의 지상 중심 데이터 송수신 영역을 최대 1000m 상공까지 확장해야 한다.

최대 300km/h 고속 이동 환경에서 무선 통신 품질 변화를 안정화해야 한다. 불필요한 핸드오버hand over 절차도 최소화해야 한다. 핸드오버란 이동 중에 자유롭게 무선통신 서비스를 사용할 수 있도록 기지국과 기지국 사이에 끊김 없는 서비스가 가능하게 하는 기술이다. 무엇보다 넓은 대역폭을 활용한 데이터 송수신 기술이 필요하다.

고밀도 UAM 환경에서 공중 비행 중인 모든 UAM의 움직임을 실시간 관찰·통제하고 장애물 추돌이나 UAM 간 충돌을 막는 교통관제 시스템도 필요하다. 이를 위해서는 최저 지연시간을 최소한 지금보다 10배 개선한 초고신뢰 저지연 통신 기술도 필요하다.[64]

5G 통신 기술로는 이러한 환경 구축에 한계가 있다. 초당 1Gb 데이터를 주고받는 5G 통신 시스템(고화질 영화 한편 2~3초에 다운로드)은 2019년에 시작되었다. 5G 통신 기술의 이론적 속도로 보면 가상현실이나 증강현실 콘텐츠의 완전 구현이 가능하다. 하지만 실제는 다르다. 접속자가 몰리면 속도는 현저히 떨어진다. 이런 통신 환경에서는 하늘을 나는 자동차, 도심 항공, 도심 드론배송 서비스 등은 충돌과 추락 위험성이 크다. 3~4차원 디지털 정보를 대량으로 전송해야 하는 미래 의료, 초연결 도시, 디지털 트윈 환경은 5G 통신 환경에서는 제대로 된 작동이 불가능하다. 6G 기술만으로도 불가능하다. 6세대6G 이동통신으로 기술과 오픈랜 기술, 저궤도 위성통신 기술을 종합적으로 사용하는 '입체 통신 환경' 구축이 필요하다.

80 6G 통신의 로드맵

6G 통신 기술 선점을 위한 각국 경쟁이 치열하다. 6G는 5G 대비 약 10~20배 빠른 테라헤르츠THz 수준의 전송 속도, 고속이동성, 공중·해상 서비스 확대 등을 제공한다. 이론상으로는 수중 통신이나 저고도 통신에서 음영지역 없이 이용 가능한 수준이다. 시장조사업체 얼라이드 마켓 리서치Allied Market Research는 6G 상용화가 시작되는 2031년에는 글로벌 이동통신 서비스 시장 규모가 2조 5,562억 달러(약 3,395조 원)까지 성장할 것으로 전망했다.[65]

7G는 5G보다 실제 전송 속도가 100배 빠를 것이고, 초연결 지구 시대가 가능해진다. 가상현실의 해상도나 컴퓨터 게임 속 상황이 현실과 구별할 수 없는 수준에까지 이른다. 원하는 시간에 지구 어디에나 원격현전遠隔現前이 가능한 미래가 열린다.[66] 7세대 통신 기술에 이르면 사람이 존재하는 모든 공간의 네트워크화를 넘어 근거리 우주까지 하나의 통신 시스템으로 연결할 수 있을 것으로 예측된다.

81 오픈랜, 통신망의 지능화, 가상화 출발점

무선 접속망Radio Access Network을 개방하는 오픈랜Open-RAN도 필요한 차세대 기술이다. 현재 통신 장비의 경쟁력은 수직적인 하드웨어 안정성에 기반해 있다. 5G에서 6G, 7G로 이어지는 발전 양상도 하드웨어 기술 발전에 의존한다. 앞으로 이런 방식만으로는 미래의 통신 수요를 감당하지 못한다. 해법은 무엇일까?

지능화, 가상화를 통해 인공지능 기술을 중심으로 한 소프트웨어 역량으로 하드웨어의 한계를 보완해야 한다. 즉, 통신과 컴퓨팅의 융합이다. 출발점은, 기지국 장비 제조업체가 자사 기지국 장비 내부의 인터페이스를 오픈하여 다른 기지국 장비와 호환성을 만드는 무선 접속망을 '개방'하는 것이다. 이렇게 되면 통신사는 각기 다른 제조업체의 기지국을 혼합하여 사용할 수 있다. 지능화는 통신 네트워크 관리를 인공지능과 머신러닝ML 기술을 활용해 자동화하는 것이다. 인공지능 기술을 통신 네트워크에 직접 적용하여 스스로 학습·추론하면서 통신망 장애를 진단하고 수정하도록 한다. 통신망 운영은 최적화되고, 비용은 줄고, 품질은 높일 수 있다. 가상화는 통신 장비 기능을 일반 서버COTS에 가상화하여 가상화 기지국을 만드는 것이다. 기지국을 가상화하면, 클라우드 인프라에 기지국 소프트웨어를 설치할 수 있어서 통신망 구조의 확장성과 유연성이 높아진다.[67]

82 저궤도 위성망, 스타링크의 추격자들

저궤도 위성망은 앞서 소개한 기술이 적용돼도 존재하는 사각지대를 메우는 화룡점정 기술이다. 저궤도 위성 산업의 선두주자는 스타링크다. 저궤도 위성 사업은 지상 통신망 이용보다 비싸고 느리다는 단점을 갖고 있다. 스타링크의 인터넷 속도는 기본 50Mbps에 불과하다. 비싼 요금제를 써도 최고 500Mbps까지다. 구축비용도 많이 든다. 스타링크에 따르면, 지구상의 모든 지역에 균일하고 안정적인 서비스 제공을 하려면 4만 2천 개의 저궤도 위성을 띄워야 한다.[68] 하지만 통신 사각지대 커버에서 하늘의 CCTV 구축까지 가능하다는 잠재력 때문에 미래 핵심 비즈니스로 떠오르고 있다. 일례로, 저궤도 위성망을 이용하면 월마트의 주차장에 있는 자동차 대수를 세어서 월 매출을 예측할 수 있다. 러시아-우크라이나 전쟁에서 확인했듯이 지상 통신시설 마비 시 적군의 움직임 파악에도 활용할 수 있어 군사 안보에도 큰 역할을 한다.

중국은 1만 3천 개의 저궤도 위성을 쏘아 올려 제2의 스타링크를 만들겠다는 각오에 차 있다. 아마존도 2024년 카이퍼 위성통신 베타서비스 계획을 갖고 있다고 선언했다. 평면 안테나를 활용한 저가·고속 위성을 3천 개 정도 발사해서 초당 최대 400Mbps급 서비스를 진행한다.[69] 시장조사업체 리서치 앤드 마케츠Research and Markets는 전 세계 위성 통신 시장이 연 평균 11.6%씩 성장하여 2030년 197억 1,000만 달러(약 26조 원)에 달할 것으로 예상했다.[70]

2024년 MT
달에 우주도시 건설하려는 우주산업

83 로켓보다 100분의 1 비용으로 우주여행하는 풍선의 등장

2024년 일반인이 초대형 풍선을 타고 지구 밖 여행이 가능해진다. 초대형 풍선에 매달린 객실 안에서 지구가 보이는 고도까지 올

라갈 수 있다. 미국 기업 스페이스 퍼스펙티브Space Perspective가 기획한 여행 프로그램이다. 풍선 높이는 213m다. 54층 빌딩 높이다. 풍선 안에는 수소를 넣는다. 풍선에 줄로 연결된 객실은 원통형이고, 객실 동체에 낙하산이 부착되어 있으며, 전 방향에 창문이 있다. 승객 8명과 조종사 1명이 탑승한다. 총비행시간은 6시간이다. 스페이스 퍼스펙티브는 지상 30km까지(성층권) 올라가서 지구를 관광할 예정이다. 여행 가격은 1인당 12만 5천 달러다. 1인당 로켓 우주선 비용 수백억 원보다 싸다. 2025년에는 프랑스 기업 제팔토Zephalto가 비슷한 우주여행 상품을 판매할 계획이다.[71]

84 스페이스X, 버진 갤럭틱, 아마존의 우주여행 경쟁

화성에 인류 정착을 꿈꾸고 있는 일론 머스크는 스페이스X라는 회사를 세워 총길이 120m에 액화 메탄 산화제 엔진 '랩터' 33기를 장착하고 7590톤의 추력을 자랑하는 역대 최강 대형로켓 우주선 '스타십' 발사 실험을 진행 중이다. 스타십은 아폴로 달 탐사 우주선보다 크고 강력하다. 80명에서 최대 120명의 승무원 탑승이 가능하고 각종 장비를 싣고 우주를 탐사할 수 있는 역량을 갖췄다. 2023년 4월 일론 머스크는 완전체 발사에 도전했다. 로켓 1단과 2단 분리는 성공하지 못하고 발사 4분여 만에 폭발했다. 그럼에도 스페이스X의 도전은 계속된다. 일론 머스크는 2025년 유인 우주인 달 착륙 프로젝트에 스타십 우주선을 사용할 예정이다.[72]

일론 머스크와 우주여행 산업 경쟁을 다투는 인물이 두 명 더 있다. 아마존의 제프 베이조스와 버진그룹 회장 리처드 브랜슨이다. 2023년 6월 29일 버진그룹이 설립한 우주관광 기업 버진 갤럭틱Virgin Galactic도 첫 상업용 준궤도 우주여행에 성공했다. 준궤도는 우주과학계가 우주의 시작점이라고 말하는 고도 80~100km 부근을 말한다. 이번 여행에는 이탈리아 공군과 이탈리아 국가연구위원회 소속 3명이 참여했고 총비용으로 200만 달러를 지불했다. 모선 항공기 '이브'에 로켓 우주선 '유니티'를 싣고 이륙한 뒤 고고도 상공(고도 13.7km)에서 로켓 우주선을 점화해 준궤도에 오르는 2단계 방식으로 진행됐다. 유니티는 60초간 로켓 엔진을 점화하며 최고 속도 음속의 3배로 고도 85km까지 상승하여 4분간 무중력 체험을 가능케 했다. 버진 갤럭틱은 2023년 9월부터는 매달 한 차례씩 우주비행을 계속해 나갈 계획이다. 버진 갤럭틱이 지난 10여년 동안 우주여행 상품을 예약 판매한 숫자는 66개국 800여 명이다. 1인당 요금은 45만 달러(5억 9천만 원)다. 버진 갤럭틱은 2026년에는 1주일에 한 번씩 우주여행 프로그램을 가동하고자 새로운 우주선도 개발 중이다.[73]

스페이스X도 LEO(지구 저궤도)까지 화물 운송을 담당하는 '팰컨9'를 매년 일주일에 한 번 꼴로 발사하고 있다. 매년 성공률이 100%에 가깝다. 팰컨9은 최대 22,800kg의 화물을 운송하고 1회 운송비용이 5천만 달러 정도다. 1kg당 2,200달러로, 우주 화물수송임을 감안하면 매우 싼 편이다. 재사용 로켓을 사용을 선택하면 30% 할인율도 적용해준다. 스페이스X의 유인 우주여행선은 팰컨9보다 큰 1단 추진체 '슈퍼 헤비'를 사용하며, 일반인 탑승 문제에 관해서는 신중한 태도를 보이고 있다.

예측하건대, 본격적으로 우주여행의 별이 뜨기 시작하는 때는 2025~2026년이다. 기술보다는 '가격' 때문이다. 현재도 우주여행 상품이 있지만 가격은 수백억 원이다. 세계 최고의 부자만 가능하다. 우리나라 상위 1% 부자도 어렵다. 2025~2026년경부터는 최소 우리나라의 상위 1% 부자는 구매 가능한 우주여행 상품이 출시될 가능성이 있다.

85 미 항공우주국, 달 남극 거주민 모집

2023년 일본의 민간 우주기업이 만든 2.3m 높이에 폭 2.6m 크기의 우주선이 달 착륙에 성공했다. 이 기업은 2024년에 달 표면 탐사차를 우주선에 실어 보내고, 2025년에는 미국 연구기관과 공동으로 달에서 화물을 운송하는 서비스를 미 항공우주국NASA에 제공할 계획이다. 우리나라는 앞으로 2조 원을 투자하여 발사체 성능을 개선하고, 2032년에는 달 착륙에 도전한다. 우리나라 현대자동차그룹은 2027년까지 달 탐사 차량을 개발하는 등 우주개발 사업에 관심을 두고 있다.[74]

우주산업은 건설산업에도 새로운 미래를 제시한다. 미 항공우주국은 월면月面 여러 곳에 탐사기지를 짓는 방안을 검토 중이다. 달을 자원 채굴장과 우주 터미널로 활용하고 인간의 상시 거주처로 개발하기 위해서다. 과학자들이 주목하는 곳은 달 남극이다. 달 남극은 365일 해가 들지 않는 영구 음영 지역이다. 이곳에 얼음도 있을 것으로 추정한다. 인간이 상시 거주하는 기지를 만들려면 물이 있을 만한 곳이 좋다. 미국은 이런 곳을 찾아서 여러 곳에 중소

도시를 건설한다는 목표다. 하나의 도시에 문제가 생겨도 다른 기지로 거주민을 대피시킬 수 있고 다양한 기능을 복합적으로 수행할 수 있기 때문이다. 이런 계획이 현실화되면 달도 새로운 건설산업의 한 축으로 부상하는 셈이다. 미 항공우주국은 2025년에 장기 거주 목적을 가진 사람을 월면에 착륙시킬 예정이다.[75]

2024년 MT
로보틱스(Robotics)의 전진, 4차산업혁명 최고의 동력

86 2024년 휴머노이드 상품, '아폴로' 출시

2024년 휴머노이드 로봇이 출시된다. 미국 기업 앱트로닉Apptronik이 개발한 인간 형태의 휴머노이드 인공지능 로봇 '아폴로'다. 아폴로는 공장이나 집에서 창고를 정리하고, 25kg짜리 물체를 들어 올리고, 공장의 생산라인에서 인간을 돕고, 가정에서 노인과 아이를 돌보고, 물건 파는 일도 가능하다. 아폴로는 키 173cm, 몸무게 73kg으로 사람과 비슷한 크기에 팔·다리와 머리를 모두 갖췄다. 움직임도 인간과 흡사하다.[76]

테슬라도 인공지능 휴머노이드 로봇 '옵티머스' 개발을 진행 중이다. 테슬라는 옵티머스의 두뇌에 인공지능 기술을 접목해 기능 훈련을 시킨다. 이동에 필요한 알고리즘은 테슬라 자율주행 소프트웨어인 FSD 같은 시스템을 사용하고, 기타 하드웨어에 구동용 AI 기술을 탑재시킨다. 테슬라봇 옵티머스 몸통 안쪽에는 2.3kWh 용량의 탄창 형태의 소형 배터리팩이 들어간다. 전기차 모델3 배터리 용량인 60kWh의 4% 수준이다. 1회 충전으로 하루 종일 활동할 수 있도록 개발 중이다. 판매가는 2만 달러로 예정했다.

테슬라 CEO 일론 머스크는 2023년 5월 열린 연례 주주총회에서 "미래엔 옵티머스와 같은 로봇이 100~200억 대 팔릴 것"이라며 "사람 한 명당 로봇 두 대를 보유하는 시대가 온다"고 전망했다.77 테슬라는 옵티머스를 자사 자율주행 자동차와도 연계시킬 가능성이 높다. 이런 모든 도전이 성공한다면, 테슬라는 전기자동차 회사에서 인공지능 로봇회사로 바뀌는, 비즈니스 모델 전체가 완전히 바뀌는 미래를 만들 수 있다.

87 인공지능 로봇의 리더들

제4차 산업혁명의 게임체인저 기술은 단연코 인공지능과 로봇이다. 정확하게 말하면, 인공지능과 로봇이 결합된 기술이다. 미국 전기전자공학회IEEE의 기술전문잡지 〈스펙트럼〉도 2060~2070년까지 산업계에 영향을 미칠 핵심 기술로 인공지능과 로봇을 꼽았다.

2023년 IFA(국제가전박람회)의 핵심 키워드 중 하나는 가정용 인공지능과 로봇 기술이었다. IFA 주최측이 마련한 '로보틱스 허브' 공간에 각국의 AI 기반 로봇 비서, 가정용 로봇, 엔터테인먼트 로봇, 헬스케어 로봇 등이 총출동했다.

특히 중국의 로봇 전문기업 유니트리 로보틱스Unitree Robotics가 공개한 4족 보행 로봇 '유니트리 고Go 2'가 관람객의 눈길을 끌었다. 유니트리 고 2는 4D 라이다Ladar를 탑재하여 사각지대를 없애고 계단이나 산악 지형에서 보행이 가능한 4족 보행 로봇이다. 로봇의 작동 시간을 좌우하는 배터리 성능도 전년 대비 2배 이상 개선되었다. 독일 드레스덴의 인공지능 연구기관인 CeTICenter for Tactile Internet with Human-in-the-loop는 촉각을 가진 의료용 로봇을 공개했다. 프랑스 로봇기업 인챈티드 툴스Enchanted Tools는 2025년 상용화할 로봇 미로키Miroki를 전시했다.[78] 2024~2025년 로봇산업의 급성장 가능성을 보여주는 신호들이라 할 수 있다.

88 코로나 기간, 로봇의 약진

인공지능과 로보틱스Robotics(로봇공학) 기술이 결합된 시장은 이미 시작되었다. 특히 코로나19라는 인류의 대재앙이 이런 미래를 더욱 앞당겼다. 코로나19 기간 동안 중국에서는 요식업의 인건비 상승 압력, 이동 제한으로 인한 매출 감소, 고객과 최소한의 대면접촉 요구에 대응하는 방안으로 서빙 로봇의 현장 투입이 늘었다. 중국 언론 커촹스에 따르면, 2020년 한 해에만 서빙 로봇을 도입한 중국 식당이 5천 개를 넘었다.[79] 일본의 스시집 '쿠라스시'는 로봇이 초밥을 만든다. 앞으로 요식업에서는 자리 안내 로봇, 서빙 로봇, 그릇 수거 로봇 등 다양한 로봇이 현장 투입될 것이다.

89 리버풀대학 연구팀 소속 로봇 연구원, 인간 연구원보다 실험 속도 1000배 빨라

2020년 7월 8일 국제 학술지 〈네이처〉는 키 175cm, 몸무게 400kg, 팔 하나를 가진 인공지능 연구자 로봇을 소개했다. 영국 리버풀대학 화학과의 앤드루 쿠퍼교수 연구팀의 일원인 이 로봇은 인간 연구자가 퇴근한 뒤에도 실험실 곳곳을 혼자 스스로 돌아다니며 실험 장비를 이용해 고체 무게를 재고 액체를 용기에 따르고, 실험 결과를 분석하고 다음 실험을 준비한다. 심지어 스스로 새로운 물질 합성에도 성공했다.

실험실 인공지능 로봇의 장점이 있다. 24시간 근무가 가능한 것은 물론이고 각종 화재나 바이러스 노출에 대한 위험이 없다. 2020년 7월 중국 베이징 펑타이구가 국항천과공집단CASIC이 개발한 인공지능 로봇 2대에게 코로나19 소독 작업을 담당시킨 것도 비슷한 이유다. 〈네이처〉 기사에 따르면, 리버풀대학의 인공지능 로봇 과학자는 전기충전 시간에만 쉬면서 8일 기간 172시간 동안 688가지 실험을 수행했다. 리버풀대학 연구진은 인공지능 로봇 과학자가 동시에 9800만 가지의 실험을 검토하는 능력을 갖췄고, 사람보다 1000배 빨리 실험을 하고, 다른 인간 연구자 도움 없이 6배나 뛰어난 촉매를 개발했다고 밝혔다.[80]

90 인공지능이 로봇에 들어가서 생기는 변화들

인공지능 자율주행 로봇 시장도 자율주행자동차 시장보다 더 빨리 출현할 것으로 예측한다. 2014년에 이미 디지털 직원digital employee 어밀리아Amelia가 등장했다. 미국의 IP소프트IPsoft가 만든 이 로봇은 30초 안에 300쪽짜리 매뉴얼을 숙지하고 20개 언어를 구사한다. 챗GPT같은 생성형 인공지능의 출현으로 이런 수준의 능력을 로봇에게 구사시키는 것은 보편적이고 쉬운 방법이 되었다. 코드를 일부 수정하거나 다른 인공지능 알고리즘과 연동해서 사용하면 수천 통의 전화업무를 동시에 처리 가능하면서 고객의 이전 통화 내용을 기억하여 문맥에 맞는 응답을 하는 것도 어렵지 않다. 생성형 인공지능에 탑재된 코드 인터프리터 같은 플러그인을 사용하면 인간 감정도 분석하고 기분에 맞춘 대화 능력도 부여할 수 있다. 2024년부터 이런 능력을 가진 인공지능 로봇이 우리 주위에 등장하게 될 것이다.

이미 아마존 오프라인 매장에는 상품 진열, 가격표 확인, 고객이 찾는 물품에 대한 재고 파악 등의 기능을 갖춘 슈퍼마켓용 로봇이 활동 중이다.[81] 아마존이 미국 내에서 고용하는 인력만 해도 약 37만 명에 달한다. 아마존은 강도 높은 노동환경 문제에 대한 해결책으로 IT와 로보틱스 기술을 공격적으로 도입하고 있다. 2023년 기준 아마존의 물류 작업에는 75만 대의 이동형 로봇이 투입된다. 2013년 1만 대와 비교하면 10년 만에 75배 증가한 수치다. 이제 소비자에게 배달되는 아마존 제품의 4분의 3은 로봇을 거친다.[82] 아마존은 물건을 운반하는 박스형 로봇과 선반에서 물건을 내려주는 로봇인 어니Ernie와 버트Bert도 현장에 배치했다.

영국의 식료품 전문 이커머스 업체 오카도Ocado의 물류센터CFC, Central Fulfilment Center에는 작은 박스형 로봇 수백 대가 정사각형 모양의 레일 위를 이동하며 배송 품목을 정리한다. 인간 노동자는 배달

만 한다. 앞으로는 배달 또한 인공지능 자율주행 로봇이 담당할 것이다.

미국 보스턴에 위치한 로봇기업 덱사이 로보틱스Dexai Robotics가 개발한 요리 로봇 알프레드Alfred는 인터넷에 있는 동영상을 보고 25분 만에 요리와 집안일을 터득한다.[83]

글로벌 물류 기업 DHL은 바다 소독 능력이 탁월하다고 평가받는 캐나다 기업 애비드봇Avidbots의 청소 로봇 네오Neo 수백 대를 자사 물류창고와 허브, 터미널에 배치했다. 네오는 현장의 지형과 시설물에 대한 지도 제작mapping을 스스로 수행한 후 자율적으로 시설물 바닥을 청소한다.[84]

91 로봇 전우여, 함께 조국을 지키세

이제 인간은 '입는' 로봇을 입고 작업하기 시작했다. 인간이 로봇을 닮는 첫 걸음이다. 글로벌 웨어러블 로봇 시장만도 2025년에는 12조 원 가까이 성장한다.[85] 일본에는 가방처럼 등에 메고 사용하는 웨어러블 로봇 팔 지자이 암Jizai Arms도 등장했다. 최대 6개까지 로봇 팔을 탈부착할 수 있다고 한다.[86] 앞으로 인간의 신체 일부에 사이보그 장치를 장착하는 미래, 아이언맨처럼 로봇 슈트를 입고 특별 임무를 수행하는 미래, 인간 뇌를 인공지능 전투봇bot과 연결하여 전투를 수행하는 미래가 온다. 공상이 아니다.

러시아는 2025년까지 로봇전투부대 창설을 계획 중이다. 2019년 10월 미국 버지니아주 월롭스 아일랜드에서 해병대는 바다의 폭도Sea Mob라는 로봇 보트를 공개했다. 2020년 11월 미 공군은 로봇 개를 틴달 기지 방어 임무에 배치했다. 2020년 12월 미국 공군은 캘리포니아주 공군기지에서 전투용 인공지능 알투뮤ARTUμ가 유투U2 정찰기 부조종사 역할을 수행하는 훈련을 성공시켰다.[87] 미국과 중국은 기존 무기 체제를 기계화·로봇화하고 그 위에 인공지능 기술을 덧입히는 경쟁이 한창이다. 미국 국방부는 웨어러블 컴퓨터와 입는 로봇으로 무장한 군인과 휴머노이드 군인을 차례로 실전 배치하고, 2030년까지 무기의 33%를 로봇으로 대체할 계획을 세웠다.

이제 우리는 인간과 인공지능 로봇이 공존하는 일터와 사회, 가정, 군대를 받아들일 준비를 해야 한다. 이미 시작된 미래다. 공존이란, 인공지능 로봇과 '함께' 일한다는 개념과 현재 하는 일을 인공지능 로봇에게 넘기고 인간은 로봇 능력을 활용해 엄두도 못 냈던 '새로운 일'에 도전한다는 개념을 포함한다.[88] 2024년에는 이런 추세가 확대될 것이다.

92 2024년 서비스 로봇, 1,220억 달러 시장으로 쑥쑥

현재 가정용 인공지능 로봇 시장의 베스트셀러는 '청소 로봇'이다. 미래의 가정용 로봇 시장이 어떤 방향으로 흘러갈지에 대한 단면을 보여주는 나라가 있다. 일본이다. 일본은 세계 최고 고령화 사회다. 1인 가정도 많다. 코로나19 기간 일본에서는 자율형 대화 로봇의 개발과 사용이 늘었다. 일본 기업 믹시Mixi가 개발·판매하는 인공지능 탑재 대화형 로봇 로미Romi가 대표적이다. 사람의 목소리도 훈련했다. 이 로봇에 생성형 인공지능이 추가 탑재되면 똑똑한 대화 로봇이 된다. 일본은 자판기 천국에서 인공지능 로봇 천국으로 바뀔 수 있다. 이미 바리스타 로봇, 인공지능 캐디 로봇, 햄버거 만드는 로봇 플리피Flippy, 피자 만드는 로봇 요리사도 활동을 시작했다.

시장조사업체 스트래티지 애널리틱스Strategy Analytics는 2019년에 310억 달러였던 서비스 로봇 시장 규모가 2024년경에는 1,220억 달러까지 성장할 것으로 전망했다.

93 오픈AI가 로봇 네오에 거액 투자한 이유

완벽하게 작동하는 인공지능 로봇이 출현해야만 로봇 시장이 열릴 거라고 생각하면 오산이다. 현재 수준의 인공지능과 로보틱스 기술 수준으로도 얼마든지 로봇 비즈니스 모델 창조가 가능하다.

로봇 네오NEO가 좋은 예다. 노르웨이 기업 1X 테크놀로지가 개발한 네오는 자유로운 보행, 문 열기, 창고에서 물건 진열 및 옮기기, 엘리베이터 탑승 등이 가능하다. 원격으로 소프트웨어 업데이트를 할 수 있고 클라우드(가상 서버)에 연결돼 있다. 이 로봇은 기본 기능을 더 잘 수행하고, 나머지 부분은 가상현실VR 안경을 착용한 인간이 네오를 아바타처럼 조종할 수 있도록 개발됐다.[89] 다시 말해, 완전한 휴머노이드 로봇의 기능을 소프트웨어적으로 구현하는 데 초점을 두지 않았다. 그럼에도 챗GPT 개발사 오픈AI는 로봇 네오에 거액을 투자했다.

인간에게는 친로봇 성향이 있는 걸까. 스스럼 없이 로봇을 입은 귀여운 아이. 이제 아이만의 놀이가 아니다. 로봇을 입든 쓰든 붙이든 앞으로 점점 더 익숙해질 모습이다.

94 삼성과 LG, 네이버의 로봇 사업 어디까지 왔나?

우리나라 이야기를 해보자. 한국은 전 세계에서 산업용 로봇 수요가 높은 나라다. 한국 기업의 노동자 1만 명당 산업용 로봇 활용 대수는 약 1000대로, 글로벌 평균치(1만 명당 141대)보다 훨씬 많다. 지자체의 관심도 높다. 서울시는 로봇 친화 도시를 만들기 위해 2026년까지 2,029억 원을 투자한다는 계획을 발표했다.[90] 우리나라 로봇 시장도 기회가 많은 곳이다.

2020년 7월 GS건설은 라이다LIDAR 장비, 360도 카메라, 사물인터넷 센서 등을 장착한 4족 보행 로봇 스팟SPOT을 국내 최초로 공사 현장에 도입했다. 중대재해기업처벌법의 강화로 건설 현장에서도 인공지능 로봇의 활용도는 계속 높아질 것이며, 머지않은 미래에 로봇이 지은 아파트나 주택에 거주할 날이 올 수 있다. CJ대한통운도 군포 '스마트 풀필먼트 센터'에 로봇 126대를 배치했다. SK이노베이션도 울산 사업장에 시설 안전 점검용 로봇 개를 도입했다. 포스코DX와 포스코 광양제철소는 아연도금 공정에 이물질 제거 로봇을 투입했고, 조선업체들은 협동로봇으로 용접 및 강판 가공 업무를 수행케 하는 기술 연구를 진행 중이다.[91] 2023년 서울 성북구 숭곡중학교는 급식 조리실에 국탕, 볶음, 유탕 등 온도가 높고 위험한 조리 업무를 대신하는 급식 로봇 4대를 도입했다.[92]

2021년 현대자동차그룹은 자율주행 기능을 가진 로봇 개 '아틀라스'를 개발한 보스턴 다이내믹스를 인수했다. LG전자는 로봇 산업을 미래 주력 산업으로 삼았고, 네이버와 아마존, 삼성전자 등은 미래 가정에서 사용될 인공지능 집사 로봇 시장을 대비하여 가정용 로봇, 반려 로봇을 개발 중이다. 유통기업 롯데도 일부 인력을 대체하려는 목적으로 서빙 로봇, 햄버거 패티 굽는 로봇 등에 투자를 늘리고 있다. 2022년 HD현대로보틱스는 중국 장쑤성에 생산 기지를 설립하고 연간 3천 대 규모의 산업용 로봇 생산을 계획 중이다. 2023년 국내 협동로봇 1위를 차지하는 두산로보틱스는 기업공개IPO를 통해 2,500억 원 가량의 자금 조달을 추진했다. 2023년 삼성전자도 세계 최고 수준의 이족 보행 로봇 기술을 보유한 로봇 벤처 레인보우 로보틱스에 580억 원 규모의 지분 투자를 했다.[93]

2024년에는 우리나라 가전의 양대 산맥인 삼성전자와 LG전자가 로봇 사업을 본격화한다. LG전자는 상업·물류용 로봇 시장과 가전 사업에 인공지능과 로봇 기술을 접목하는 데 집중한다는 전략이다. 삼성전자는 보행 보조 로봇 젬스힙EX1, 가사 로봇 '삼성 봇 핸디'와 자사의 모든 가전제품에 인공지능과 로봇 기술을 접목한다. 물건을 찾아 정리해 주고 애완견의 감정도 읽어내는 기술 특허도 출원했다. 특히 헬스케어와 가사용 로봇 분야에 주력한다는 전략이다.[94]

네이버는 100대 이상의 서비스 로봇을 생활 공간에서 운영하는 실험을 네이버랩스에서 진행 중이다.[95] 한화도 협동로봇과 무인운반차AGV 사업을 분리하고 로봇사업 전문 법인 한화로보틱스를 설립하여 로봇 사업에 참전했다. 삼성과 LG와 달리 선택과 집중 전략을 취한다는 입장이다.[96]

2023년 6월 GS리테일은 수도권 내 약 9천여 개 GS25 편의점에서 최초로 인공지능 자율주행 서빙 로봇 '이리온' 판매를 시작했다. 이리온은 중소벤처기업부의 '초격차 스타트업 1000+ 프로젝트'에서 로봇 분야 최우수 기업으로 선정된 폴라리스쓰리디

Polaris3D의 제품이다. 가격은 1,400만 원이고 36개월 렌탈도 가능하다.[97] 국내에서는 서빙 로봇이 음식점, 카페, 스크린골프장 중심으로 2022년 5천 대 판매에서 2023년 1만 대로 증가했다. 1년 만에 100% 성장률 기록이다.[98] 로봇의 활용 범위도 정수기부터 김밥 마는 로봇까지 계속 확장되고 있다.

2024년 MT
큰 꿈이 돈이 되는 시대

95 꿈의 도시 건설 프로젝트 '네옴시티'

2023년 8월 현대건설기계는 네옴시티 '더 라인' 건설 현장에 40톤급 굴착기 12대, 대용량 버킷(5.6m³) 휠로더 5대 등 50대 공급을 완료했다.[99] 네옴시티는 피크오일 위기 속에서 사우디아라비아 정부가 비전 2030 정책의 일환으로 서울의 43배 크기의 신도시를 건설하는 프로젝트다. (네옴NEOM은 '새로운'을 의미하는 고대 그리스어 접두사 νέο Neo에서, 마지막 글자는 '미래'를 뜻하는 아랍어 단어 مستقبل Mustaqbal에서 첫 글자 م 를 가져와 조합한 합성어이다. 네오의 아랍어 표기인 نيو는 읽기에 따라 그리스어 접두사 Neo로도, 영어 New로도 음차가 가능하다.)

네옴시티 프로젝트는 2017년 10월 24일 사우디아라비아 무함마드 빈 살만 알사우드 왕세자가 미래 투자 회의에서 처음 발표했다. 네옴시티 프로젝트에서 가장 주목 받는 계획은 2021년 1월에 공개된 '더 라인The Line'이다. 네옴시티 중심부에서 진행되는 친환경 수직도시 건설 공사를 말한다. 약 1조 달러를 투자하여, 사우디아라비아 아까바 만에서 네옴 국제공항까지 170km 직선 구간에 높이 500m의 초대형 건물을 200m 간격으로 연속 건설하고, 그 안에 다중 레이어로 된 주거 및 생활 커뮤니티를 만들어 장차 사우디아라비아를 대표하는 미래지향적 도시를 개발한다는 계획이다. 완공 목표는 2030년이다.

더 라인 외에도 네옴시티 프로젝트에는 2029 네옴 동계 아시안 게임에서 활용될 토로제나Trojena 프로젝트도 있다. 아까바 만에서 50km 떨어진 네옴의 산악 지대에 동계 레저단지를 포함한 초대형 산악 관광지를 개발하는 것이다. 섬 하나를 통째로 휴양지로 만드는 신달라Sindalah 프로젝트도 있다. 바다 위에 떠 있는 미래형 복합 산업 단지인 옥사곤Oxagon 건설도 유명하다. 인공지능과 지능형 로봇, 드론 등 미래 신기술을 활용해 첨단 물류기지를 건설하고, 글로벌 기업들의 연구소와 공장 등을 유치하는 프로젝트다. 사우디아라비아는 옥사곤에 입주하는 글로벌 기업과 기술 이전 계약을 맺어서 자국의 미래기술 발전을 도모하겠다는 계산이다.

96 네옴시티의 핵심은 옥사곤

전문가들은 전 세계 사람의 이목과 관심을 끄는 프로젝트는 더 라인이지만, 옥사곤이 네옴시티 프로젝트의 핵심이라고 평가한다. 더 라인보다 기술적 실현 가능성도 높고, 자국의 미래

기술 발전과 번영을 위한 초석을 놓는다는 계획 취지에 가장 부합하기 때문이다.

대다수의 전문가는 더 라인 계획은 세계의 이목을 사우디아라비아로 집중시키기 위한 '미끼' 정도로 치부한다. 더 라인 계획은 건축적으로 비현실적이라는 지적이 우세하기 때문이다.

롯데월드타워 높이인 500m짜리 마천루를 성벽처럼 100km가 넘는 길이로 연속해서 이어 만든다는 구상은 인류 역사상 최초다. 그래서 이목을 끌지만 동시에 정신 나간 계획이기도 하다. 완공 여부도 고개를 갸우뚱하게 되지만 지어져도 문제가 산적해 있다. 사막의 모래바람 문제, 바람이 불면서 토사가 쓸려 나가 500m짜리 마천루의 기초가 드러나고 약해지는 문제, 성벽처럼 100km를 땅을 가로질러 건설하면 생태계에 끼칠 악영향 등을 꼽을 수 있다. 초고층 빌딩이 즐비한 뉴욕 맨해튼에서는 해마다 빌딩에 충돌하여 죽는 조류가 20여 만 마리에 달하리라고 추정된다. 더 라인은 중동 지역을 통과하는 조류에게는 거의 재앙적 요소다. 지상 동물의 생태 통로도 막는다.

너비 500m짜리 좁고 긴 더 라인 내부로 햇볕이 얼마나 잘 들지도 의문이다. 일조 시간이 짧을 것이고 그에 따라 저층에 있는 식물과 사람에게 미치는 부정적 영향도 크다. 물리학적으로는 초고층에서는 지상보다 기압이 낮아져서 인위적으로 공기 압력을 높여 지상의 기압에 가까운 상태를 유지해야 한다. 이것을 여압與壓, pressurization 문제라고 한다. 여압 문제가 있는 곳에서는 테라스 등의 조성이 불가능하다. 빌딩풍도 문제가 크다. 성벽처럼 100km나 이어진 외부 벽에 빛이 반사되어 발생하는 문제도 있다.

직선적인 구조도 비효율적이라는 비판도 많다. 한 지점에서 접근할 수 있는 거리가 좁아지기 때문에 병원, 소방서, 경찰서 등 사회 기반 시설을 더 많이 지어야 하고 물류 효율성도 떨어진다. 당연히 유지 및 보수 비용이 상승한다. 이런 문제와 난관에도 불구하고 사우디아라비아 정부는 중국 국영 건설사인 중국건축공정총공사 CSCEC와 계약을 맺고 터파기 작업을 시작했다.

97 상상력의 경연장, 미래도시 프로젝트들

중동과 인도, 중국 등을 중심으로 혁신적이고 상상력이 풍부한 미래도시 건설 프로젝트는 계속 나올 것이다. 비판과 우려는 꿈을 잠재우지 못한다. 원대한 꿈은 관심을 집중시키고, 관심이 집중될수록 자본과 사람이 모인다. 그리고 인간의 창의력과 문제해결 능력은 놀라우리만치 탁월하다. 1905년 미국은 사막 한 가운데 거대 도시를 지었다. 아랍에미레이트 두바이 사막 한 가운데 스키장이 들어섰고, 바다 위 새로운 도시가 세워졌고, 세계 최고의 마천루와 상징적 건축물이 생겨났다.

2023년 5월 19일 캐나다 사업가 마이클 헨더슨은 두바이에 원구형 대형 리조트를 개발하는 문MOON 프로젝트를 발표했다. 높이 30m 원통형 건물 위에 지름 274m 규모의 초대형 달 모형 구조체를 얹고 내부에 4천실 규모 특급호텔과 공연장 등을 갖춘, 총사업비 50억 달러(약 6조 6천억 원) 규모의 리조트 건설 계획이다.[100]

중국은 '슝안'처럼 새로 건설하는 도시에 미래기술을 총집결시키고 디지털 트윈 도시까지 구상 중이다. 중국 정부가 2017년 슝안

건설 계획을 발표한 이후 지금까지 5,100억 위안(약 740억 달러) 이상의 투자금이 몰렸다. 중국 국영기업을 중심으로 슝안에 정보기술, 현대 생명과학, 생명공학 및 신소재 등 140개 이상의 미래 산업에 특화된 자회사 및 지사도 들어섰다.[101] 세계 최고 인구 국가가 된 인도도 8개의 신도시를 건설할 계획이다.

98 빈 살만 왕세자, 영생의 꿈에 매년 10억 달러 투자

도시 건설 말고 꿈의 기술, 꿈의 시장이 될 영역이 또 있다. 아마존 창업자 제프 베이조스를 포함해 세계 자산가들은 영생의 비밀을 알아내는 데 수십억 달러를 투자하고 있다. 사우디아라비아의 무함마드 빈 살만 왕세자도 매년 10억 달러를 불로장생 연구에 내놓고 있다. 이런 도전은 영생하는 인간은 만들지 못해도 노화를 치료하고 세포 회춘 능력을 개선시키거나 망가진 세포를 고치는 기술을 발전시켜 다양한 질병을 치료하는 새로운 길을 열 수 있다.[102]

좀 더 현실적인 꿈의 기술에 대한 도전도 있다. 글로벌 제약회사인 머크와 모더나는 암 백신을 개발 중이다. 고위험 흑색종 환자를 대상으로 한 중간 임상 실험에서 80%의 성공률을 기록했다. 이들이 도전하는 암 백신 기술은 코로나19 백신을 개발하는 데 쓴 mRNA(메신저리보핵산) 기술을 응용하여 특정 암 환자의 T세포를 자극하고 암 성장을 억제하는 기능을 확보하는 방식이다.[103]

99 배양육, 기존 소고기보다 20배 빠르게 정육점에 온다

2024년에는 배양육 시장도 본격 성장을 시작한다. 배양육은 곤충, 대체육과 더불어 미래 3대 식량으로 주목받는다. 대체육은 콩고기라고 불리는 식물성 재료로 고기의 맛과 식감을 내는 기술이다. 반면 배양육은 동물의 줄기세포를 추출한 후 혈청을 먹여서 국수모양 가량의 단백질 조직을 만든다.

배양육은 살아있는 닭이나 소나 돼지처럼 가축을 직접 키우는 것보다 20배 빠르게 고기를 얻을 수 있다. 같은 양의 고기를 얻는 데 배양육은 토지 사용의 1%, 물 사용의 4%, 온실가스 배출도 4%밖에 쓰지 않는다. 배양육으로 햄버거 패티를 만드는 데 성공한 때는 2013년이다. 당시 원가는 33만 달러였다. 현재는 혈청 없이 배양을 할 수 있는 무혈청 기술이 개발되어 제조 원가가 100g 당 1달러까지 떨어졌다.

2023년 6월 21일 미국 농림부는 캘리포니아주 소재 닭고기 세포 배양육 생산 기업 업사이드 푸즈Upside Foods와 굿 미트Good meat에 생산과 판매 허가증을 내주었다. 싱가포르에 이어 세계 두 번째다. 싱가포르 '허버스 비스트로'라는 식당은 배양 닭고기를 넣은 샌드위치, 파스타를 판매 중이다. 컨설팅업체 맥킨지는 2030년 배양육 시장을 최대 250억 달러로 전망한다. 인구가 많고 고기 소비량이 높은 중국, 인도 등 아시아 시장 공략에 성공하면 가능한 전망치다. 한국의 스타트업 '심플플래닛', '스페이스에프' 등도 배양육 시장에 도전 중이다.[104]

100 록히드마틴, 2028년 핵융합 엔진 개발 목표

꿈의 기술로 불리는 핵융합 발전 기술도 상용화가 멀지 않았다. 2023년 5월 10일 마이크로소프트는 미국 스타트업 헬리온 에너지와 2029년부터 핵융합으로 만든 50메가와트MW 이상의 전기를 구매해서 쓰겠다는 계약을 체결했다.[105] 미국의 록히드마틴은 5년 후 시제품 완성을 목표로 10만 명에게 전기를 공급할 수 있는 100MW 용량의 핵융합 엔진을 개발 중이다. 성공한다면 원자력 발전에 비해 3~4배 효율을 갖는다. 이런 기술이 '꿈의 에너지' 기술이라고 불리는 이유가 있다. 핵융합 엔진을 사용하면 생수통 크기 수소 몇 병으로 초대형 수송기인 C5를 1년 내내 비행시킬 수 있다. 선박에도 무제한 동력 제공이 가능하다. 개발도상국에 에너지 공급은 물론이고, 일반 전기가 부족한 국가에서는 해수 담수화 시설을 가동시켜 깨끗한 식수를 생산할 수 있다. 우주탐사선 속도도 향상시킬 수 있다.[106]

101 인공 자궁의 탄생, 인구감소 해법될까?

올더스 헉슬리의 소설《멋진 신세계》에는 인공 자궁artificial womb을 통해 최적의 유전자 조합을 가진 인간을 탄생시키는 장면이 나온다. 이 장면이 현실이 될 날이 점점 가까이 오고 있다. 1924년 인공 자궁에 대한 과학적 개념이 등장했고, 1996년 일본 준텐도 의과대학 연구진은 10년간 연구 끝에 염소 태아를 대상으로 자궁 외 태아 배양EUFI 기술에 성공했다. 2017년 미국 필라델피아 아동병원CHOP 태아연구센터에서도 초미숙 양(인간의 임신 23~24주 해당)을 제왕절개로 꺼내서 비닐백 형태의 바이오백 biobag으로 된 인공 자궁에서 필요한 산소와 영양분을 공급하고 노폐물을 처리하는 과정을 거쳐서 키우는 실험에 성공했다. 2016년 부터는 에인트호벤 공대(네덜란드), 아헨 공대(독일), 밀라노 공대(이탈리아) 등 유럽의 명문 3개 공대에서 조산한 태아를 살리기 위한 인공 자궁 개발이 시작되었다.[107] 앞으로 빠르면 5년 늦어도 10년 내에 인간을 대상으로 한 인공 자궁 기술의 성공 소식이 들려 올 수도 있다.

102 다르파, 몸에 칩 심어 생각만으로 무기 사용한다

인간을 대상으로 한 연구에서 인공 자궁 기술보다 상용화가 더 가까이 온 기술도 있다. '뇌-척수 무선연결' 기술이다. 2023년 5월 25일 스위스 로잔 공대EPFL 그레고아르 쿠르틴 교수팀이 〈네이처〉에 뇌와 척수 간 통신과 무선 디지털 브리지wireless digital bridge 기술을 사용하여 하반신 마비 환자를 걷게 하는 데 성공했다는 논문을 발표했다.

이 기술을 적용하면 기기 전원이 꺼진 후에도 환자는 목발을 짚고 걸을 수 있다. 또한 이 기술은 척수가 손상되어 뇌와 척수 간 통신 이상으로 팔다리가 마비될 환자의 회복에도 도움을 줄 수 있다. 과거 연구에서는 기기 작동이 멈추면 환자는 마비 상태로 되돌아갔었다. 이 기술은 뇌와 척수를 디지털 방식으로 연결해서 근육 활동의 타이밍과 진폭을 더 섬세하게 제어함으로써 걸음걸이도 더

올더스 헉슬리의 소설《멋진 신세계》에 등장하는 인공 자궁은 이제 소설 속 얘기로 끝나지 않을 것이다.

자연스럽게 한다.[108]

2023년 8월 24일 미국 스탠포드대학 프랜시스 윌렛 박사팀과 샌프란시스코 캘리포니아대학UCSF 에드워드 창 교수팀은 말 못하는 중증 마비 환자의 뇌 활동을 해독해 음성과 텍스트로 출력할 수 있는 뇌-컴퓨터 인터페이스를 개발했다.[109]

2023년 5월 뇌신경과학 스타트업 뉴럴링크Neuralink는 생각만으로 소통할 수 있게 하는 '인간 뇌의 칩 이식 기술' 관련 인간 대상 임상시험에 대해 미 식품의약국FDA의 승인을 받았다.[110] 일론 머스크가 투자하는 뉴럴링크는 돼지와 원숭이의 뇌에 지름 23mm×8mm의 동전 모양 칩 '링크 0.9'를 심고 뇌파 신호를 초당 10메가비트 속도로 무선 전송하는 방식을 적용해 생각만으로 간단한 게임을 즐기는 실험을 성공시켰다. 이제 뉴럴링크는 인간에게 적용하는 것을 최종 목표로 삼고 있다.[111]

미국 국방부 산하 방위고등연구계획국DARPA은 군인 뇌에 마이크로칩을 심어 생각만으로 드론이나 공격용 로봇, 사이버 방어 및 공격 시스템을 조정하는 미래를 꿈꾼다.

103 신체에 '칩 임플란트' 심어 장애 치료, 35억 달러 시장으로 발돋음

인간의 뇌나 신체에 컴퓨터 칩을 심는 기술을 '칩 임플란트'라고 한다. 시장조사업체 퓨처 마켓 인사이트는 2035년 의료용 마이크로칩 시장 규모를 30억 달러로 전망했다.[112] 웨어러블 기기, 입는 로봇과 더불어 칩 임플란트 기술이 미래 인간의 생물학적 역량을 향상시키는 길을 열 것이다. 하반신 마비 환자가 일어나 걷고 뛰고, 시각장애인이 세상을 다시 보고, 청각장애인이 소리를 다시 듣는 미래다. 이런 기술이 일반인에 적용되면, 치아나 귀에 휴대전화를 심을 수 있고, 팔이나 다리처럼 신체 일부의 능력을 강화할 수도 있다.

104 혈관 돌아다니며 암 세포 제거하는 나노 로봇

미래학자 레이 커즈와일은 2030년 경에는 뇌-기계 인터페이스 기술로 인간의 뇌를 인공지능과 연결할 수 있으리라고 예측했다.[113] 미래는 여기서 더 나아간다. 뇌-기계 인터페이스 기술을 나노와 바이오 기술과 융복합하면 인간의 뇌를 고쳐 쓰는 서비스도 가능해진다.

미국 휴스턴 소재 라이스대학의 제임스 투어James M. Tour 교수는 자기조립self-assembly이 가능한 분자들이 버키볼C60, 풀러렌이라는 바퀴를 달고 혈관 속을 돌아다니는 나노 자동차Nanocar를 개발했다. 나노 자동차는 스스로 움직이면서 반도체 회로 구축도 할 수 있다.[114]

제임스 투어 교수팀이 개발한 분자 규모의 자동차에 더 작은 나노 로봇 함대를 싣는 미래를 상상해 보라. 뇌의 특정 공간에 나노 로봇을 착륙시키면, 해당 부위만 반복적으로 돌아다니면서 질병을 감시하거나 암 세포 또는 치매 유발 단백질을 제거하고, 혈관을 고치는 약을 직접 주입할 수 있다. 또 나노 로봇에 줄기세포를 싣고 보내면 손상된 뇌 세포도 재생시킬 수 있다.[115] 스스로 분해되는 기능까지 장착하면 나노 로봇은 임무를 수행한 후에 분해되어 사라질 수 있다.[116] 나노 로봇을 인공지능과 결합시키면 뇌 혈관의 환경을 스스로 학습하여 가장 적절한 치료 방법과 타이밍도 인간보다 더 잘 찾을 수 있다.

미국 스크립스 연구소의 플로이드 롬스버그 박사팀은 인공 나노 단백질 기계도 만들었다.[117] 미래에는 뇌 경색이 일어나서 뇌 세포가 죽으면 인공 단백질을 만들어 뇌를 고쳐 쓸 수도 있게 된다.

차 '문콕' 흠집, 나노 기술이 알아서 복구

2023년 7월 20일 현대기아차는 '나노 테크데이 2023'에서 미래 모빌리티를 위한 6가지의 실현가능한 나노 기술을 공개했다.[118]

① 차량에 난 흠집을 스스로 원상 복구하는 '셀프 힐링 고분자 코팅' 기술
② 고효율 태양전지를 통해 전기차 주행거리를 늘리는 '탠덤 태양전지' 기술
③ 뜨거운 태양열에서도 차량 내부 온도를 낮추는 '투명 복사 냉각 필름' 기술
④ 나노 캡슐로 부품 마모를 줄이는 '오일 캡슐 고분자 코팅' 기술
⑤ 투명 성능이 요구되는 창에 적용할 수 있는 '투명 태양전지' 기술
⑥ 압력만으로 사용자 생체 신호를 파악하는 '압력 감응형 소재' 기술

105 뇌세포로 만든 바이오 컴퓨터, 기존 AI보다 18배 빠른 학습 능력

마지막으로, 살펴볼 것은 더욱 강력하고 빠르게 우리 삶을 변화시킬 레버리지 기술이다. 일명 '미래의 컴퓨팅 기술'이다. 미래 컴퓨팅 기술의 선두주자는 양자 컴퓨터다. 영하 273℃에서 작동하는 양자 컴퓨팅 기술은 미래 산업의 게임체인저로 늘 거론된다. 수퍼컴퓨터로도 만 년 이상 걸리는 계산을 몇 분 만에 끝내는 능력 때문이다. 2023년 IBM과 아이온큐 등은 누구나 자사의 양자 컴퓨터를 이용하여 양자 프로그램을 개발할 수 있도록 클라우드 서비스를 시작했다. 선점 효과를 노리는 전략이라 할 수 있다.[119] 양자 기술을 활용한 영역은 다양하다. 양자 센서를 비롯해 양자 통신, 양자 인터넷 개발에 대한 연구도 진행 중이다. 특히 양자 인터넷은 해킹에 매우 안전하다. 양자 컴퓨팅 기술과 함께 쓰면 보안이 중요한 여러 분야에 큰 영향을 미칠 수 있다.

뇌세포로 만든 바이오 컴퓨터도 미래 컴퓨팅의 일종이다. 바이오 컴퓨터는 DNA나 단백질 등 생체 분자를 이용해 정보를 저장 및 처리하는 컴퓨터를 말한다. 업계에서는 앞으로 5년 내 바이오 컴퓨터를 신약의 효능 예측에 사용할 수 있을 것으로 전망한다. 2022년 12월 국제학술지 〈뉴런〉에 호주의 생명공학 기업 코티컬 랩스Cortical Labs의 최고과학책임자CSO 브렛 케이건이 쓴 논문이 실렸다. 미세전극판 위에 뇌세포 80만~100만 개를 배양한 후 접시뇌DishBrain를 만들어 컴퓨터와 연결해서 게임을 학습시키는 데 성공했다는 내용이었다. 케이건 박사는 뇌세포 바이오 컴퓨터의 학습 능력이 기존 인공지능보다 약 18배 빨랐다고 밝혔다. 2023년 2월 국제학술지 〈프론티어즈 인 사이언스〉에 실린 한 논문에서는 뇌세포 바이오 컴퓨터가 100만 배 적은 전력으로 기존 수퍼컴퓨터와 비슷한 성능을 낼 수 있을 것이라는 예측도 실렸다.[120]

3장

2024년 MT를 움직이는 심층원동력

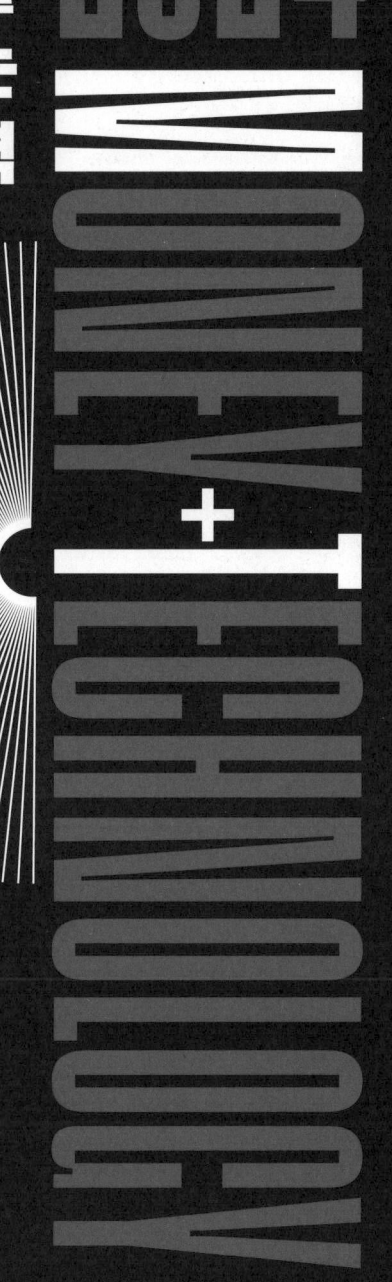

3장
2024년 MT를 움직이는 심층원동력

2024년 MT
가장 큰 변수는 '경기 침체' 가능성

106

미래기술을 둘러싼 환경

미래의 기술 산업은 기술 자체의 역동성만큼이나 환경 요인에 크게 좌우된다. 기술 혁신의 발전 속도와 방향은 경제, 금융, 정치, 법률, 사회, 환경 등의 다양한 외부 요인에 크게 의존하며, 이들 요인은 매년 바뀐다. 2024년 어떤 기술이 선두에 서고 뒤로 밀려날지, 어떤 기술이 빛을 내고 목소리를 잃을지는 이러한 '숨겨진' 원인이 결정한다. 제4차 산업혁명이 가져다주는 절호의 기회를 놓치지 않으려면 한 가지 통찰력은 꼭 있어야 한다. 바로, 기술 산업에 영향을 미치는 결정적 변수를 꿰뚫어 보는 눈이다.

107 미국 대선이나 원유 가격보다 중요한 것이 있다

2024년에는 미국 대선이 있다. 2023년 8월 말 〈월스트리트저널〉은 세계 각국이 2024년 대선에서 트럼프 당선 시나리오를 심각하게 고려하기 시작했다는 보도를 냈다.[1]

트럼프가 당선되면 많은 것이 바뀐다. 트럼프는 명분보다는 실리를 우선한다. 특히 자신의 정치적 업적을 우선한다. 스타가 되기를 원한다. 이를 위해서는 적과 아군을 구별하지 않는다. 트럼프는 자신이 재선에 성공하면 모든 수입품에 관세 10%를 부과하겠다고 말했다. 트럼프가 당선되면 겉으로는 중국 시진핑과 말 폭탄을 다시 주고받으면서 전 세계 언론의 스포트라이트가 자신을 향하게 할 것이다. 그러나 물밑에서는 실리를 극대화하는 협상을 할 것이다. 트럼프는 중국이 미국산 제품과 서비스 구매를 늘리는 대가로 대만을 넘겨줄 수 있다. 러시아 푸틴과 사우디아라비아 빈 살만과의 관계도 개선할 가능성이 높다. 우크라이나-러시아 전쟁에서 발을 빼면서 러시아에게 유리한 협상 분위기를 만들어 줄 수 있다. 최악의 경우 미국의 나토 탈퇴를 다시 거론할 수 있다. 한국을 향해서는 방위비 증액이라는 압박 수단을 재차 사용할 수 있다. 관세나 환율조작국 지정 협박 카드를 휘두르면서 미국 투자를 늘리라는 위협의 수위를 높일 것이다. 2024년에도 기후변화로 인한 자연재해는 강도를 더할 것이다. 원유 가격도 변수다. 미국과 중국이 희토류 등의 광물자원을 두고 힘겨루기를 할 수도 있다.

하지만 2024년 기술 산업 트렌드에 영향을 미치는 주요 외부 동력은 이것들이 아니다.

108 경기 침체는 기술 기업의 판도를 바꾼다

2024년 최고 변수, 가장 주목해야 할 심층원동력driving force은 경기 침체의 위험이다. 세계 경제 상황, 이자율 변동, 화폐 가치의 변동성, 정책 변화 등 금융 및 경제적 요인은 기술 발전과 투자 흐름에 결정적인 영향을 미친다. 만일 경기 침체가 온다면 기술 기업의 주가는 충격적 타격을 입는다. 이는 "많이 오르면 많이 떨어지고, 적게 오르면 적게 떨어진다"는 버블붕괴 원칙에 따른 것이며, 그 결과 금융 및 투자 시장은 대란을 겪을 수밖에 없다. 주식시장 대폭락 후에는 실물 경기의 침체가 시작된다. 기업들은 불확실한 경제 환경과 달라진 소비 행태에 대응하기 위해 기존의 기술 투자를 축소하거나 새로운 기술 투자 계획을 철회할 것이다. 이러한 선택은 투자시장을 순식간에 얼어붙게 만들고, 불과 몇 달 전만에도 미래 성장 기업으로 각광받던 기업을 자금 조달에 어려움을 겪는 상황으로 내몬다.

그러나 위기 속에서도 새로운 기회는 꿈틀거린다. 경제 불황으로 인해 소비가 둔화되면 기술 제품·서비스 수요는 줄겠지만, 동시에 기술 기업에게는 혁신과 성장의 새로운 도전과 기회가 열릴 수도 있다. 이때 기회를 붙잡은 기업은 경기 침체가 끝난 후 시장 주도자로 등장할 것이다.

일반적으로 경기 침체가 발생한 그 해에는 모멘텀이나 미래 가치보다는 경제·금융 환경 변화에 잘 적응하고 경기 침체 위험에 대비하는 기업이 시장을 주도하거나 방어했다. 경기 침체가 기술의 거시적인 발전 방향을 바꾸지는 못하지만 기술을 주도하는 기업의 이름을 교체할 수는 있다. 기술 주도권의 주인이 바뀌는 것이다. 경제 및 금융 시장의 변화에 유연하게 대처하고 효과적으로 자금을 조달하며 협력 관계를 통해 새로운 비전과 기술을 실현하는 기업이 새로운 강자로 부상할 수 있다.

109 웃고 있을 때 폭탄이 떨어지곤 했다

2024년 미국 경제가 노랜딩 No landing(침체 없는 안정적 성장)할 것인가, 연착륙 또는 경착륙할 것인가를 두고 말이 분분하다. 만약 미국 경제가 2024년 노랜딩 한다면, 독자들은 지금 읽고 있는 3장을 그냥 덮으면 된다. 하지만 미래는 어떤 일도 일어날 수 있는 공간이다. 경기 침체로 인한 주식시장 대폭락이 일어나기 몇 달 전까지 긍정적인 경제 지표가 발표된 사례는 많았다. 투자자들이 희망적인 지표에 들뜨고 중앙은행 및 재무부 관료들이 낙관적 발언에 취해 있을 때 갑자기 주식시장 대폭락과 경기 침체라는 충격이 시장을 뒤흔들곤 했다. "이번에는 다를 수 있다"는 말에 주의해야 한다.

미래는 예언할 수 없다. 하지만 급작스런 시장 변화에 대처하려면 미래를 예측하려는 시도를 계속해야 한다. 그러면 어떤 미래 예측이 유용할까? 필자가 전문 미래학자로서 줄 수 있는 조언은 이렇다. "다양한 미래 가능성을 '미리' 생각해 보라." "최악의 시나리오는 반드시 생각해 두어라." 지금부터 여기 지면을 통해 전개되는 2024년 경기 침체 가능성 시나리오를 염두에 두고 기술 산업의 향방을 예측해보길 바란다.

110 미국시장, 2024년도 과연 선방할까?

2024년은 2023년과 마찬가지로 "주식시장의 대세상승장의 새로운 시작이냐" 아니면, "대폭락에 가까운 마지막 기술적 반등이냐"를 두고 혼란의 혼란이 계속될 것이다. 연준의 긴축 현황을 나타내는 다음 그래프를 살펴보자.

코로나19 기간 동안 연준이 시장에 쏟아낸 유동성은 2008년 금융위기부터 코로나19 직전까지 쏟아낸 헬리콥터 머니보다 많았다. 코로나19가 끝나고 연준은 40년 만에 최고치에 이른 인플레이션을 잡기 위해 긴축을 시작했다. 기준금리는 2004~2008년, 2016~2019년보다 강했고, 대차대조표 축소는 2018~2019년을 넘어설 기세였다. 미국 기업과 소비자들은 고물가, 고금리에 시달렸다. 실리콘밸리 은행SVB 파산을 시작으로 중소은행의 파산도 이어졌다. 이 정도면 2023년에 주식시장 대폭락과 실물 경기 대침체가

▶ **미국 기준금리와 연준 대차대조표**

출처: tradingeconomics.com

뒤따라 일어났어야 한다. 과거에 그랬기 때문이다. 하지만 현실은 과거와 달랐다. 경제성장률에서 잇달아 선방하는 수치가 나왔고 소비 시장도 버텼다. 경기 침체가 없는 미래 즉, 노랜딩 가능성을 외치는 목소리가 커졌다. 그러자 미국 주식시장이 재상승을 했다. 기술주 중심인 나스닥 주가도 튀었다. 생성형 인공지능 출현의 최대 수혜주인 엔비디아 주가는 폭발했다. 2024년도 이런 미래가 계속될까?

111 왜곡된 시장에 현혹되지 마라

여기서 먼저 던져야 할 질문이 있다. "도대체 2023년 미국 경제와 투자시장에 무슨 일이 일어난 것인가?" 필자는 2023년 미국 경제와 투자시장 상황을 긍정적으로 보지 않는다. "시장 왜곡이 일어났다"고 평가한다. 앞의 그래프가 말해주듯이, 연준의 강력한 긴축 행보에도 불구하고 코로나19로 인해 엄청나게 쏟아진 유동성이 '여전히' 많아서 투자시장이 심각하게 왜곡되어 있다고 본다.

다음 그래프는 미국 상업은행의 대차대조표다. 연준이 대차대조표 축소를 해도 은행의 대차대조표는 축소되지 않고 증가 추세가 '멈추는' 수준으로 진행된다. 2008년 긴축 기간에도 그랬고, 현재 긴축 기간에도 동일하다. 하지만 최근 상업은행의 대차대조표는 연준의 강력한 긴축에도 불구하고 평균선을 훨씬 넘어선 규모다. 시중에 돈이 '지나치게' 넘쳐 흐른다.

▶ 미국 기준금리와 상업은행 대차대조표

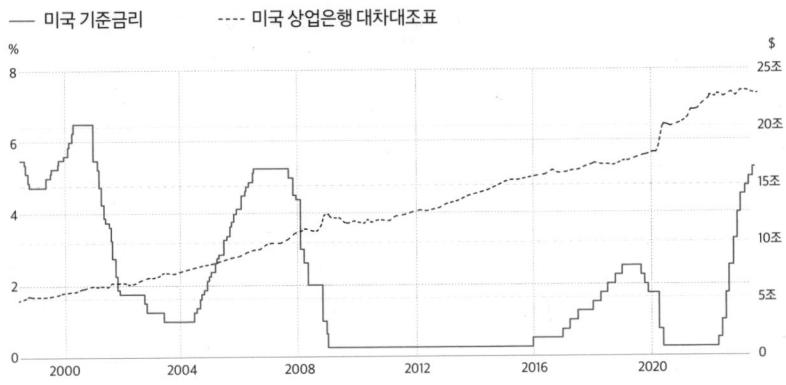

출처: tradingeconomics.com

112 과거 패턴에서 미래 신호를 찾아라

시장 왜곡이 심하다는 의미는 과거의 패턴에서 크게 벗어나 있다는 것이다. 이럴 경우 미래 예측과 대비를 어떻게 해야 할까? 대답은 이렇다. "시장이 심하게 왜곡되어서 패턴에서 벗어난 행동양식Behavior 을 보이더라도 우리는 과거 패턴에서 미래를 예측하는 기준점을 찾아야 한다."

과거 패턴을 무시하고 '새로운' 패턴을 마음대로 만드는 것이 더 위험하다. 일시적으로 시장이 아무리 왜곡되어 있어도 미래가 만들어지는 다음의 법칙은 변하지 않는다. "미래는 그냥 만들어지지 않는다. 과거와 현재 속에 미래를 만드는 힘이 숨어 있다." 대신, 시장 왜곡이 심할 때는 과거에서 좀 더 근본적 패턴과 신호를 찾아내는 것으로 혼란을 헤쳐 나갈 통찰을 얻어야 한다. _편집자주_

2024년 MT
경기 침체와 기술주 대폭락을 알리는 핵심 신호

113 기술주 대폭락을 예고하는 2개 시그널

경기 침체, 기술주 대폭락을 알리는 핵심 신호는 '기업이익 장기 하락(2~3년)'과 'GDP 성장률의 추가 혹은 지속 하락'이다. 지난 50년 동안의 미국 경제성장률 추이를 분석하면, 경기 침체 및 주식시장 대폭락이 일어났을 경우 GDP 성장률은 기준금리 인상이 멈춘 시점을 기준으로 4~7%p 정도 하락 규모를 기록했다.

경기 침체, 기술주 대폭락을 알리는 핵심 신호가 하나 더 있다. 다음의 2개 신호가 '동시'에 켜지면 경기 침체, 기술주 대폭락이 발생한다.

신호 1. 미국 10년물과 1년물 국채 금리 간 차이가 역전된다.(그래프 상단) 장기채는 경기 침체 우려로 하락하고, 단기채는

---

* 편집자주_ 저자는 2024년 미국 주식과 채권 시장의 변화를 예측하고자 근본적 패턴과 신호를 포착하는 작업에 착수했다. 예측 기준점 선정을 위한 조건, 조건을 충족하는 3가지 기준점 발견, 3가지 기준점에 따른 3가지 모델(1995년 모델, 2002년 모델, 2008년 모델) 명명, 3가지 모델로 본 기준금리 인하 수준 예측, 3가지 모델로 본 2024년 기술 산업 투자시장 및 금융경제의 3가지 시나리오 등은 이 책의 뒤(170~190쪽)에 실었다. 전문 미래학자 Professional Futurist 인 저자가 어떤 근거에서 어떤 과정을 거쳐 미래 예측 시나리오를 도출하는지 궁금한 독자는 해당 페이지를 참조하길 바란다. 여기서는 저자의 예측 시나리오에 따른 결론을 먼저 제시하고자 한다.

금리 인상으로 상승하기 때문이다.

신호 2. 미국 10년물-3개월물 국채 금리 차이, 미국 10년물-2년물 국채 금리 차이가 '동시'에 마이너스를 기록한다. (그래프 하단)

만약 2024년에 미국의 경기 침체 없이 확장을 이어가는 노랜딩 시나리오가 현실화하려면 위의 3가지 핵심 신호가 발생하지 않아야 한다. 1994년처럼 노랜딩이 이루어지면 주식시장은 (적당한 시기에 기준금리 인하 분위기를 타면서) 큰 폭으로 오르는 대세 상승을 시작할 것이다. 그리고 국채 금리는 대세 하락한다. 국채 금리 하락으로 수익을 얻는 상품에 대한 투자는 노랜딩이든 경기 침체든 상관없이 수익을 낼 수 있다.

경기 침체, 기술주 대폭락을 알리는 보조 신호도 몇 가지 있다.

▶ **경기 침체 핵심지표**

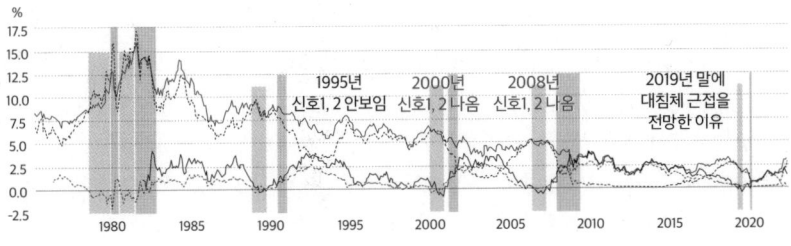

출처: FRED

114 보조 신호 1. 저축률 하락

다음의 그래프를 보자. 상위에 있는 그래프는 미국의 기준금리와 개인 저축률을 비교한 것이고, 그 아래 그래프는 동일 기간 미국 경제성장률과 개인 저축률을 비교한 것이다. 그래프에 표시된 것처럼 기준금리 인상 기간에 경제성장률 평균과 개인 저축률 평균을 비교하면 흥미로운 신호를 하나 발견할 수 있다. 1995년 모델에는(*편집자주) 경기 침체가 없다.(회색으로 표시) 그 이유는 기업이익에 큰 손실이 없었기 때문이다. 기준금리가 급격하게 인상되어 금융비용 증가가 발생했는데도 기업이익에 큰 손실이 발생하지 않은 이유가 무엇일까? 미국 경제의 70%는 소비가 좌우한다. 1995년 모델에서는 개인소득personal income 증가율에 큰 변화가 없었고, 개인 저축률(잉여 소비 여력)도 경제성장률 평균치보다 높았다. 당연히 소비 지출도 평균치를 밑돌지 않아서 기업이익에 큰 손실이 없었다.

반면, 2002년과 2008년 모델에서는 개인 저축률이 경제성장률 평균치를 밑돌기 시작했다. 그러면 2022~2023년에는 어떤 일이 일어났을까? 그래프를 다시 보자. 2008년 글로벌 금융위기 이후 미국 소비자의 저축률에 극적인 변화가 일어났다. 2018년까지 평균치가 무려 5%p나 상승해서 7%대까지 증가했다. 2019년 기준금리 인상이 정점에 도달했을 때는 무려 10%대까지 추가 상승했다. 이

---

* 저자는 '2024년 경기 침체 가능성'을 예측하면서 기준점으로 삼았던 1994~2002년, 2008년을 주식시장 움직임에 따라 3개 모델로 정리해 각각 1995년 모델, 2002년 모델, 2008년 모델로 칭했다. 모델명은 기준금리 정점을 찍은 해 또는 우리에게 익숙한 대폭락해의 연도를 따랐다. 자세한 내용은 170~190쪽 참조.

▶ 미국 기준금리와 개인 저축률

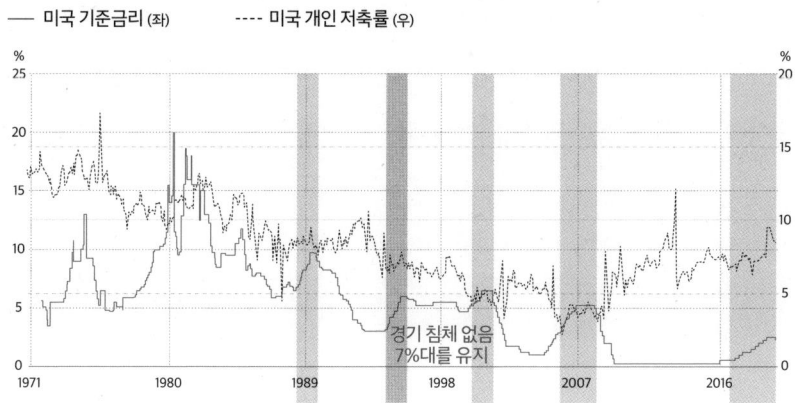

▶ 미국 경제성장률과 개인 저축률

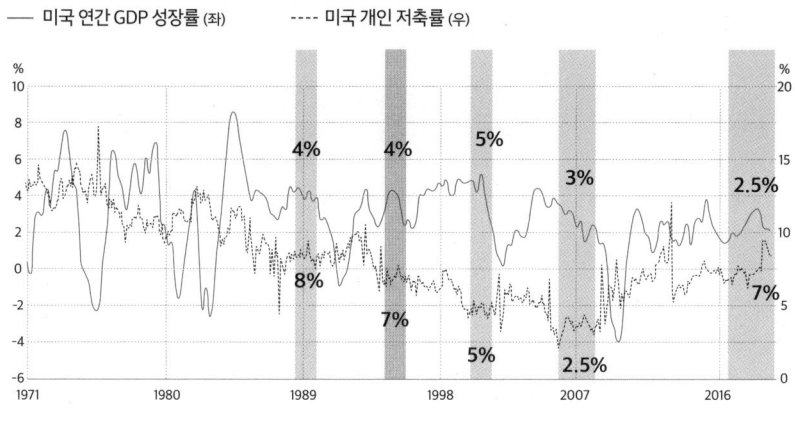

출처 공통: tradingeconomics.com

유가 무엇이었을까? 해당 기간, 개인소득이 극적으로 증가한 것도 아니었다. '베이비부머 세대의 은퇴'가 그 이유로 추정된다. 해당 기간, 일을 그만 둔 미국 사람의 수$_{job\ quits}$는 글로벌 금융위기 이전보다 늘었고, 경제활동 참가율도 1%p 이상 하락했다. 다음의 그래프를 보자. 1995~2020년까지 미국의 은퇴자 비율 추세다. 2010년부터 미국의 베이비부머 세대 은퇴 추세와 미국 전체 은퇴 비율 상승 곡선이 함께 움직이고 있다. 이들이 은퇴를 하면서 저축률을 늘려 미래를 대비하기 시작했다는 말이다.

코로나19가 발발하자 미국 소비자의 저축률은 최고 34%까지 치솟았다. 2021년 말에 가서야 2009~2018년 기간의 평균 저축률(7%)로 회귀했다. 2022~2023년 급격한 기준금리 인상과 40년 만에 최고 인플레이션에도 불구하고 미국 경제의 70%를 차지하는 소비가 의외로 잘 버틴 이유를 2가지로 추정해볼 수 있다. 하나는 코로나19 기간에 풀린 엄청난 유동성이다. 다른 하나는 글로벌 금융위기 이후 개인 저축률 평균치가 7%대까지 증가한 덕분이다. 참고로, 미국의 실질 개인소득 증가율은 코로나19가 엔데믹 상황에

▶ **미국 은퇴자 비율 추세와 베이비부머 세대의 은퇴 추세**

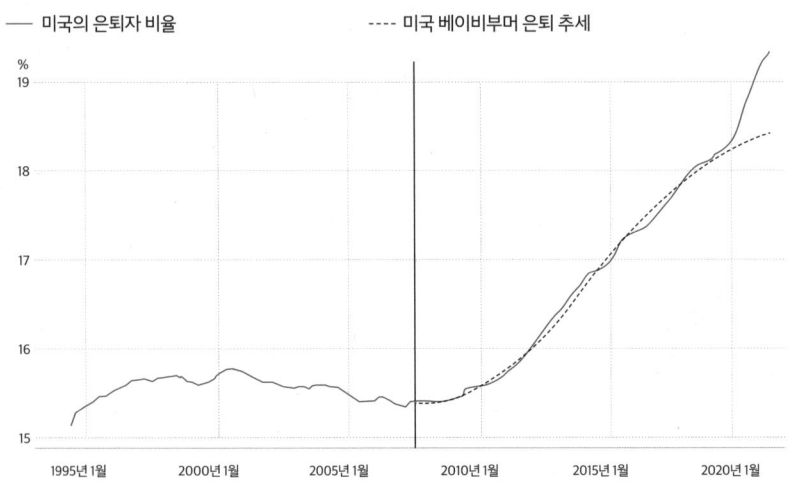

비고: 은퇴자 비율은 12개월간 이동 평균이며 베이비부머 은퇴 추세는 2008년 1월~2020년 2월 기간 추정한 추세이다.
출처: 가구조사(CPS: Current Population Survey), 저자 계산

들어가면서 점점 하락했다.

2024년 경기 침체, 기술주 대폭락 신호와 관련해서 눈여겨 볼 것이 있다. 2022년 10월 미국 개인 저축률은 3%까지 하락했다. 미국 역사상 가장 낮은 개인 저축률을 기록했던 2008년 때와 비슷한 수준이다. 2009~2018년까지 은퇴하는 베이비부머들이 미래를 대비하기 위해 높여 놓은 저축률이 무너졌다는 의미다. 위험 신호다.

115 보조 신호 2, 3, 4

주시해야 할 보조 신호가 3개 더 있다.

보조 신호 2. 10년물 미국 국채와 2년물 미국 국채 간 수익률 차이가 마이너스로 전환 후 1~2년 지나 격차가 플러스 0.5~1%에 근접하면 경기 침체가 시작된다.

▶ 미국 10년물 국채 금리 - 미국 2년물 국채 금리

출처: FRED

앞의 그래프가 보여주듯, 10년물 미국 국채와 2년물 미국 국채 간 수익률 차이에서 보이는 신호는 3단계로 나타난다. 1단계는 마이너스로 전환되고(장단기 수익률이 역전), 2단계는 최저점을 통과하고, 3단계는 일정 반등한 이후에 경기 침체(리세션)가 발생한다. 마이너스 전환, 저점 통과 후 일정 기간 반등하는 기간에 차이가 나는 이유는 무엇일까? 기준금리 인상이 멈추면 반등을 시작하고, 기준금리 인하를 시작하면서 격차가 0.5~1%에 근접하면 경기 침체가 시작된다. 마이너스 폭이 클수록, 경기 침체 전 플러스 반등 고점이 낮다.

보조 신호 3. 소비가 기존 평균치 미만으로 하락한다.

보조 신호 4. 기업의 바이백buybacks 감소는 대폭락이 가깝다는 신호다.

2024년 MT
소음을 가려내라

116
소음 1. 소매판매 지표는 경기 침체와 기술주 대폭락을 판단하는 데는 소음이다

연간 소매판매와 CPI 지수를 비교한 다음의 그래프를 살펴보자. 둘은 반대로 움직이는 경향이 있다. 당연하다. 물가가 높으면 소매판매가 위축되고, 물가가 낮으면 소매판매가 촉진된다. 단, 그래

▶ 미국의 전년 대비 소매판매와 CPI

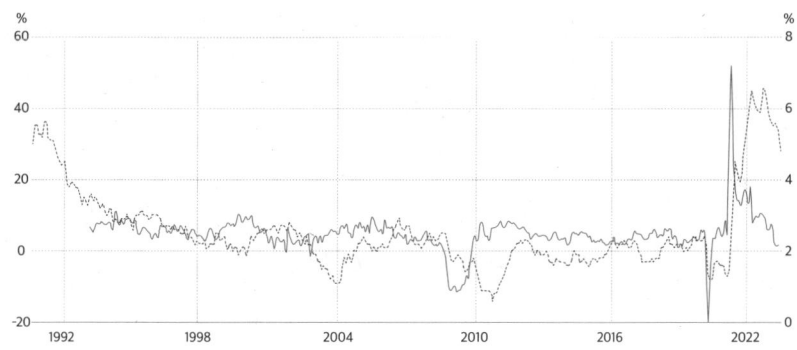

출처: tradingeconomics.com

프에서 보듯이, 둘 간의 움직임이 확연하게 반대로 움직이는 모습이 보이는 시점은 경기 침체기에 진입한 이후다. 평상시에는 서로 영향을 주고받지만 그 편차가 두드러지게 드러나지는 않는다. 연간 소매판매 지수 급락도 짧은 시간에 급격하게 일어난다. 반면, 인플레이션(CPI 지수)은 상대적으로 하락 속도가 완만하고 길다. 그래서 2가지 지표는 경기 침체 여부를 판단하는 선행 판단 지표로 사용하기가 쉽지 않다. 한마디로, 경기 침체와 기술주 대폭락을 판단하는 데는 '소음'이다.

117 우리의 눈을 가리기 쉬운 소음 9가지

이외에도 경기 침체, 기술주 대폭락을 판단하는 데 무용한 소음이 많다. 후행지표일 뿐인 경우도 있다. 추가 소음 9가지도 알아두자.

소음 2. 소비자 기대 지수도 소음이다.

소음 3. 기준금리 인상이 멈추면 비우량 채권 금리도 일시적으로 내려간다. 소음이다.

소음 4. 실업률 지표도 소음이다. 실업률은 경기 침체에 진입해야 뚜렷하게 상승하는 후행지표다. 장기실업률이나 실업수당청구 건수도 소음이다. 이들 지표가 크게 상승하는 것은 경기 침체 진입 이후다.

소음 5. 개인소득 추세도 소음이다. 이 지표도 후행지표다.

소음 6. 취업자 수는 인구 증가로 인해 계속 우상향하기 때문에 신호로 보기 어렵다.

소음 7. 노동참여율도 고령화로 인해 계속 우하향하기 때문에 신호로 보기 어렵다.

소음 8. 임대료 추세도 소음이다. 기준금리 인상 종료 이후에도 임대료는 지속적으로 상승할 수 있다. 임대료가 크게 하락하는 시점은 경기 침체 중반쯤 가야 나타난다.

소음 9. 기업 파산율도 소음이다. 기준금리 인상이 계속되는 동안에도 기업 파산율은 계속 하락했던 경우가 많았다.

소음 10. PMI Purchasing Manager Index 지수도 소음이다. PMI는 구매관리자 지수로 주식시장 대폭락과 경기 침체가 발생하기 직전까지 상승과 하락 패턴을 반복한다.

2024년 MT
경기 침체 시 생성형 인공지능, 반도체, 이차전지 주가는 대폭락

118 미국 3대 지수가 보여주는 주식시장 법칙

"많이 오르면 많이 내린다"는 주식시장의 법칙 중 하나다. 2021년 11월~2022년 9월 30까지 하락장(대조정기)에서 미국 3대 지수의 MDD(최대 낙폭)를 보면, 같은 기간 다우 지수는

▶ 2021년 11월~2022년 9월 하락장(대조정기) 미국 3대 지수 MDD

출처: tradingeconomics.com

22%, S&P 500 지수는 25.3%, 나스닥 지수는 31.8% 하락했다. 상대적으로 많이 오른 나스닥 지수는 많이 하락했고, 적게 오른 다우 지수는 가장 적은 하락폭을 기록했다.

개별주에도 같은 원리가 적용된다. 다음 그래프는 2021년 11월 4일 종가 기준으로 테슬라 주식 가격을 나타낸다. 당시 주당 410달러였다. 그래프에서 보듯이, 1년간 주식 변동률은 202% 상승했고, 주가 수익률$_{PE\ ratio}$은 1120까지 상승했다. 하지만 2021년 11월~2022년 9월 30일까지 주식시장 하락장(대조정기)이 닥치자 74% 하락했다. 이전 202% 상승분을 모두 토해내고, 그 아래까지 주가가 추락했다.

▶ **2021년 11월~2022년 9월 하락장(대조정기) 테슬라 주가 MDD**

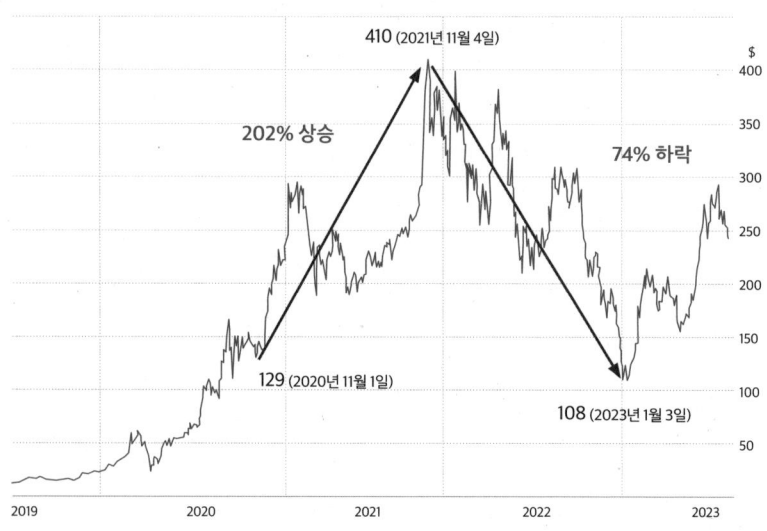

출처: tradingeconomics.com

119 주가 버블 요인 4가지와 주식 대폭락기

자산시장 버블에도 법칙 내지 이치가 있다. 첫째, 버블은 언제나 붕괴했다. 예외가 없다. 둘째, 버블 규모와 붕괴 규모는 비례한다. 많이 오르면 많이 내리고, 적게 오르면 적게 하락한다. 셋째, 버블이 터지면 (버블이 시작되었던) 원래 시작점이나 그보다 약간 아래까지 하락하는 경향이 있다. 2021년 11월~2022년 9월 30일까지 하락장(대조정기)에서도 이 법칙은 정확하게 들어맞았다.

주가가 부풀어 오르는 데는 분명한 이유와 핵심 변수가 있다. 유동성, 펀더멘털, 심리, 착시 현상이다.

먼저, 유동성이다. 주가가 부풀어 오르려면 돈이 몰려야 한다. 다음은 펀더멘털이다. 크게는 국가 경제가 좋아야 한다. 작게는 기업이 매출과 이익률이 좋아야 한다. 지난 100년간 미국 주식시장 역사를 보면 월 단위, 분기 단위, 연 단위에서 경제 상황과 정확하게 일치해서 움직인다. 국가나 기업이 돈을 잘 벌면 주식시장이 상승하고, 그렇지 못하면 하락했다. 주식시장의 방향이 펀더멘털과 일치해서 움직일 때, 연준의 통화신용정책에 따른 유동성 규모와 속도에 따라 추가 상승이나 하락 움직임이 정해진다.

다음은 심리다. 심리는 인기도다. 풀린 돈은 인기가 많은 쪽에 더 몰린다. 다우보다 나스닥이 인기가 더 좋으면 그쪽으로 돈이 더 몰린다. 그래서 주식시장 대세 상승장에서도 상대적으로 더 오르는 지수나 개별 주식이 만들어진다.

주가를 부풀리는 마지막 요인은 착시 효과다. 연준이 기준금리를 올려 긴축을 하는데도 주식시장이 일정기간 잘 버티거나 기술적 반등을 하게 만드는 중요한 요인이다.

이 4가지 요인이 한 번에 무너지는 시기가 대폭락기다.

2024년 MT
주가는 춤춰도 기술은 발전한다

120 대폭락이 오면 과감하게 매수해야 할 것들

2024년 미국에 경기 침체가 발생하면 주식시장도 요동칠 것이다. 대세 하락장이 시작되면 모든 지수, 모든 주식 가격이 하락한다. 어느 지수, 어느 주가가 어디까지 떨어지느냐는 각기 다르다. 하지만 공통으로 적용되는 법칙은 있다. 여러 번 얘기하지만, "많이 오르면 많이 내린다." 2023년을 가장 뜨겁게 달궜던 이슈는 생성형 인공지능, 반도체, 이차전지 주가다. 경기 침체가 발생하면 이들 주가도 버티지 못한다. 이들 주가가 정확하게 어느 가격까지 하락할지는 아무도 모른다. 하지만 많이 올랐으면 많이 하락할 것이라는 것은 예측 가능하다.

2024년 경기 침체가 발생하여 기술 주식의 가격이 폭락하더라도 세상이 끝났다고 생각하지 말라. 대폭락기 이후에도 제4차 산업혁명과 관련된 기술, 산업, 주식의 대세 흐름은 바뀌지 않는다. 2024년 주식 가격이 제아무리 요동쳐도 제4차 산업혁명 관련 기술의 발전은 멈추지 않는다. 필자는 이번 경기 침체기를 지나고 나면 제4차 산업혁명기의 기술과 산업의 황금기가 시작되리라고 예측한다.

"경기 침체가 발생하면 모든 주식이 하락한다." "많이 오른 주식은 많이 하락한다." "대폭락이 발생해도 제4차 산업혁명이라는 대세는 바뀌지 않는다." 이 세 개의 말을 종합하면, 또 다른 통찰 하나를 얻을 수 있다. 투자자 입장에서 경기 침체로 발생하는 대폭락기는, 생성형 인공지능, 반도체, 이차전지, 전기자동차, 자율주행 자동차 등 제4차 산업혁명기를 주도하는 기술, 산업, 주식을 '낮은' 가격에서 살 수 있는 새로운 기회다. 기업 입장에서 경기 침체로 발생하는 주식 가격 대하락은, 미래 산업과 기술을 보유한 업체를 낮은 가격에서 인수합병할 절호의 기회다.

미래학자가 전망하는
2024년 경기 침체 가능성 시나리오

2024년 MT
2024년 3가지 모델로 생각한다

지금부터 미국 주식·채권 시장의 변화를 예측하는 근본적인 패턴과 신호를 포착해 소개하고자 한다. 먼저 예측 기준점을 선정해보자. 다음의 조건을 충족하는 기준점이어야 한다.

조건 1. 너무 먼 과거는 지금의 경제 이론, 정책, 투자시장의 시스템 규모에서 큰 차이가 난다. 따라서 현재의 경제 및 투자시장의 시스템과 구조 및 추동 이론이 비슷했던 시점이어야 한다. 이에 연준의 양적완화 패턴에 큰 변화가 일어난 1982년 이후에서 기준점을 찾았다.[2]

▶ **미국 기준금리와 인플레이션율**

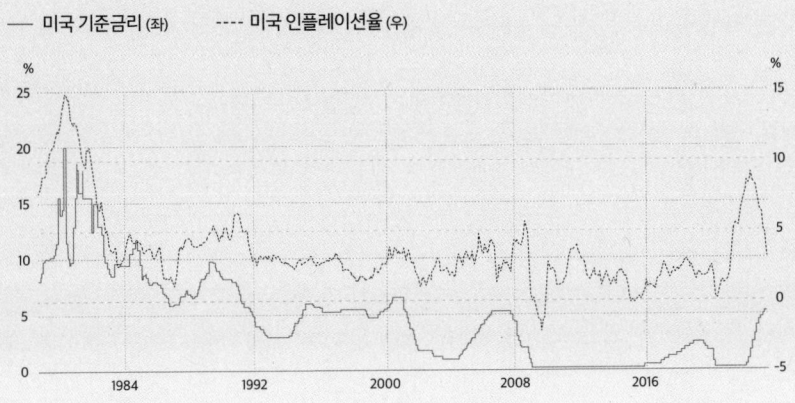

출처:tradingeconomics.com

조건 2. 연준의 긴축이 강했던 시점(최소 3%p 이상)이어야 한다.

조건 3. 미국 인플레이션 월간 상승률이 (최근처럼) 3%대였던 시점이어야 한다. 위의 그래프를 참조하라.

조건 4. GDP 성장률이 5% 미만이었던 시점이어야 한다. 코로나19 직전 미국의 경제성장률이 2~3% 수준이었지만, 인플레이션율이 정상보다 높다는 점을 감안할 때 한 단계 위 성장률까지는 참고할 필요가 있기 때문이다. 다음 페이지의 그래프를 참조하라.

조건 5. 최저 실업률이 4%대 아래로 하락하기 시작했던 시점이어야 한다. 다음 페이지의 그래프를 참조하라.

▶ 미국 기준금리, 연간 GDP 성장률, 실업률

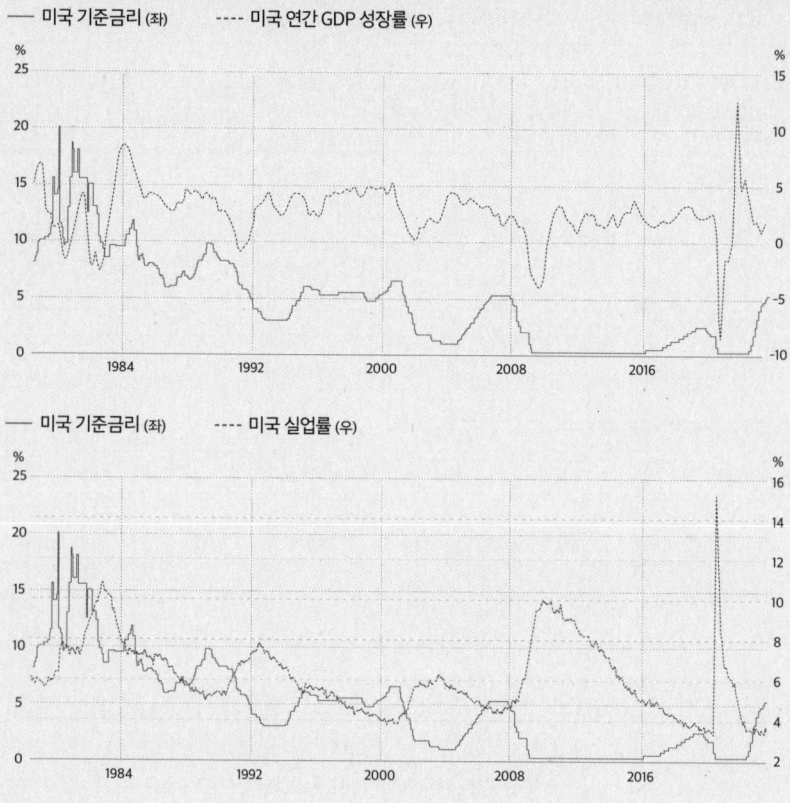

출처: tradingeconomics.com

　미국 투자시장에서 5가지 조건을 모두 충족하는 시점은 1994 ~2002년, 2008년 긴축 기간이다. 다음 그래프는 위 기간의 투자시장 움직임을 보여준다. 이 기간에서 주식시장의 움직임을 3개로 나눠 3가지 모델을 추출했다. 각각을 1995년 모델, 2002년 모델, 2008년 모델로 칭하기로 한다(기준금리 정점을 찍은 해 또는 우리에게 익숙한 대폭락 해의 연도를 따랐다).

　이제 본격적으로 2024년 기술 산업에 가장 큰 영향을 미칠 경

▶ 1995년 모델, 2002년 모델, 2008년 모델

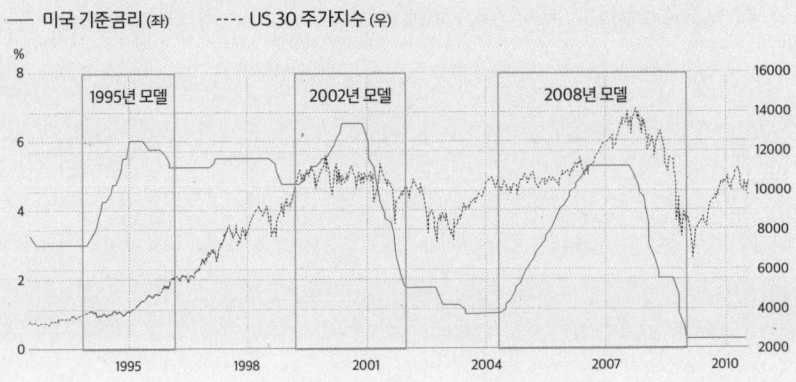

출처: tradingeconomics.com

기 침체 가능성과 그와 연관된 이슈에 대해 생각해보자.

2024년 MT
2024년 기술 주가 좌우할 기준금리 인하 수준 예측

2024년 가장 큰 이슈 중 하나는 "어디까지 기준금리가 내려갈 것인가"일 것이다. 기준금리는 개인과 기업의 금융 비용, 주식 및 채권 가격, 달러와 원자재 가격 등 전방위에 영향을 준다. 물론 기술 투자와 트렌드에도 직접 영향을 준다. 3개 모델로 추정해볼 때 2024년 연준은 기준금리를 어디까지 인하할 수 있을까? 이 질문에 답하기 위해 3개 모델에서 몇 가지 중요한 패턴을 추출했다.

▶ **1995년 모델과 2002년 모델의 미국 기준금리 및 근원 인플레이션율**

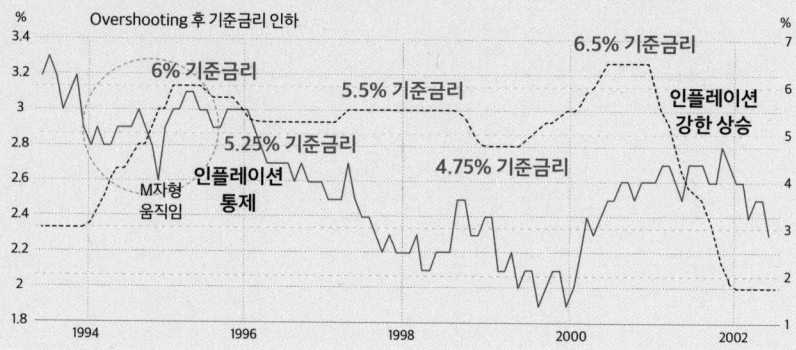

출처: tradingeconomics.com

패턴 1. 긴축기간, 연준은 기준금리를 GDP보다 1%p 이상 높게 유지하려 노력했다.

패턴 2. 긴축기간, 연준은 기준금리를 CPI보다 2~3%p 높게 유지하려 노력했다.

패턴 3. 경기 침체가 시작되면, 연준은 기준금리를 GDP 하락 폭을 따라가며 인하했다.

위의 그래프를 보자. 1995년 모델, 2002년 모델이다. 미국의 기준금리와 인플레이션 움직임을 비교했다. 1995년 연준이 기준금리를 6%까지 올리자 '드디어' 인플레이션이 통제되기 시작했다. 2000년 인플레이션이 강하게 재상승하자 연준은 다시 기준금리를 6.5%까지 인상했다. 이렇게 연준은 인플레이션과 치열하게 싸운다.

다음 그래프는 1995년 모델, 2002년 모델이다. 이번엔 미국의 기준금리와 GDP 움직임을 비교했다.

1995년 연준은 GDP가 2% 초반까지 급락하자 기준금리를 5.25%까지 인하했다. 그러자 미국 GDP는 4% 초반으로 정상 복귀했다. 참고로, 1980년대 후반~1990년대 초반 미국 GDP는 4%대를 기록했었다. 하지만 연준이 기준금리를 내리자 1997년 미국 GDP는 정상보다 '약간' 가열되었다. 그러자 연준은 다시 기준금리를 0.25%p 인상해서 대응했다. 1998년 미국 GDP가 1%p 하락하자 연준은 기준금리를 내려서 대응했다. 그러자 미국 GDP는 4%대 중후반까지 반등했다. 경기가 과열되고 인플레이션도 재상승을 시작하자 연준은 1999~2000년까지 기준금리를 1.75%p 인상

▶ 1995년 모델과 2002년 모델의 미국 기준금리 및 연간 GDP 성장률

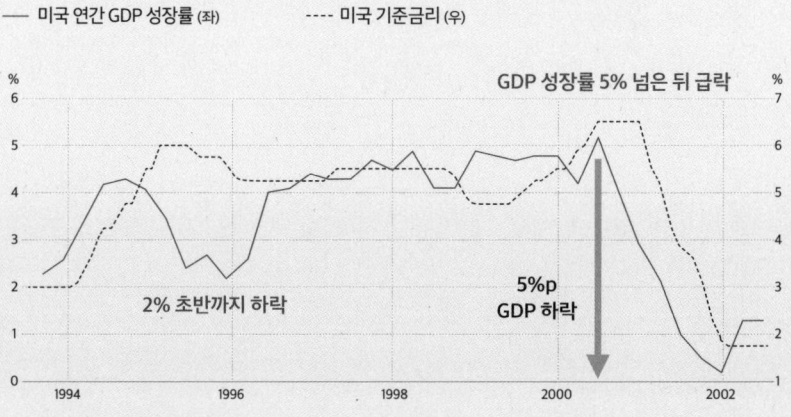

출처: tradingeconomics.com

했다. 여기까지가 '패턴 1'에 해당한다. 긴축기간, 연준은 기준금리를 GDP보다 1%p 이상 높게 유지하려 노력한 것을 알 수 있다. 참고로, 기준금리가 높아도 GDP는 하락과 반등을 반복하며 내려간다.

연준이 기준금리를 6.5%까지 인상하자 GDP가 급락하기 시작했다. 주식시장도 폭락을 시작했다. 미국 GDP가 1년 6개월 정도 '계속' 하락하는 동안 연준도 기준금리를 '계속' 인하했다. 여기는 '패턴 3'에 해당한다. 경기 침체가 시작되면, 연준은 기준금리를 GDP 하락 폭을 따라가며 인하한 것을 알 수 있다.

다음 그래프는 2008년 모델이다. 2008년 모델에서도 패턴 1과 패턴 3은 동일하게 진행되었다.

▶ **2008년 모델의 미국 기준금리와 근원 인플레이션율**

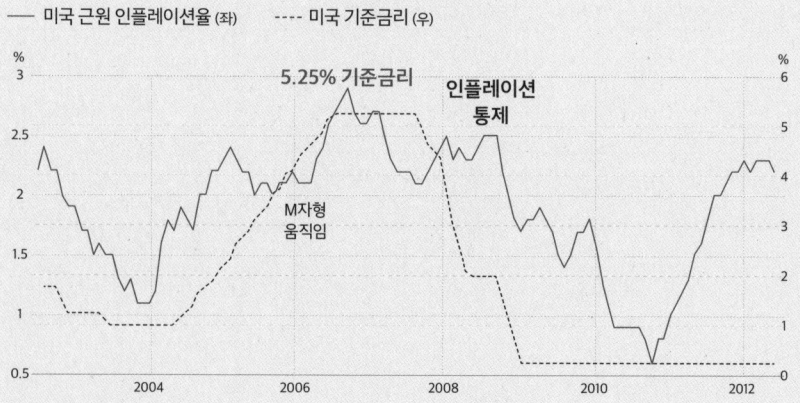

출처: tradingeconomics.com

▶ 2008년 모델의 미국 기준금리와 연간 GDP 성장률

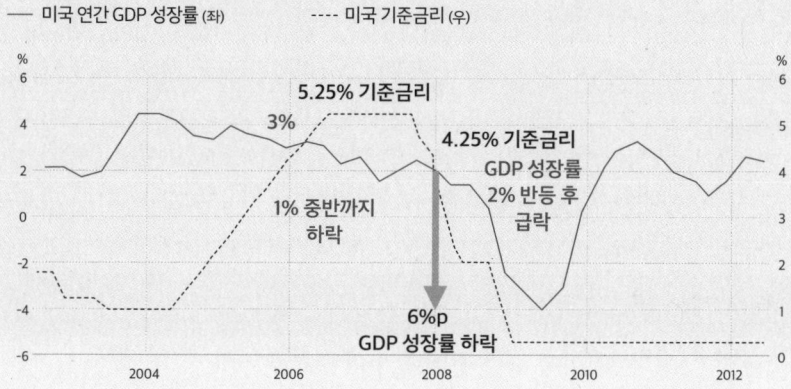

출처: tradingeconomics.com

다음의 그래프를 보자. 1995년 모델, 2002년 모델, 2008년 모델에서 모두 기준금리와 CPI 간의 간격을 2~3%p 유지했다. 여기는 '패턴 2'에 해당한다.

▶ 긴축기간, 연준은 기준금리를 CPI보다 2~3%p 높게 유지하려고 노력

출처: tradingeconomics.com

필자가 찾아낸 3가지 패턴을 이번 긴축기간에 적용해 보면, 다음과 같은 통찰을 얻을 수 있다.

> **통찰 1.** 연준은 인플레이션이 통제되면 기준금리를 내리지만, 인플레이션이 재상승하면 '언제든' 기준금리를 다시 올릴 가능성이 있다.
>
> **통찰 2.** 미국 GDP가 1~2%대를 유지할 경우, (패턴1, 2를 적용하면) 연준은 인플레이션(CPI) 하락 움직임과 2~3%p 격차를 두고 기준금리 인하 속도를 조절할 가능성이 높다. 만약 2024년 말 CPI가 2%대까지 하락하면(경기 침체 없이), 2024년 말 미국 기준금리는 4%대까지 하락할 수 있다. 당연히 이 과정에서 인플레이션이 재상승하면 연준도 기준금리를 재상승할 수 있다. 이럴 경우 한국은 2%대 중후반까지 인하가 가능하다.
>
> **통찰 3.** 경기 침체가 발생하더라도 미국 GDP가 마이너스로 추락하지 않으면(연착륙) 연준은 (경기 침체에 대응하는 의미로) 기준금리를 3% 중반까지 인하 가능하다. 이럴 경우 한국은 1%대 중후반까지 인하가 가능하다.

2024년 MT
기술산업 투자시장 및 금융경제의 3가지 시나리오

3개 모델을 이용해서 2024년 기술산업 투자시장 및 금융 경제 시나리오를 만든다면 3가지로 압축할 수 있다.

첫 번째, 2024년이 3개 모델 중 하나의 경로로 가는 시나리오
두 번째, 2024년이 3개 모델과 전혀 다르게 가는 시나리오
세 번째, 2024년이 3개 모델이 뒤섞인 혼합 경로를 가는
　　　　시나리오

이 중에서 두 번째 시나리오 '3개의 모델과 전혀 다르게 가는 미래'는 과거 자료를 근거로는 논리적 예측이 불가능하다. 이런 경우, 완전히 다른 모습을 가상으로 상정하고 타당성을 따져 보아야 한다. 일명 '백캐스팅' 기법이다. 예를 들어, 대폭락과 경기 침체가 발생하지 않고 10년 정도 장기 경기호황이나 주가 대상승을 그리는 미래다. 아쉽지만 이 시나리오는 이번 책에서는 다루지 않을 예정이다.

세 번째 시나리오 '3개 모델이 섞여서 이루어진 혼합 경로'는 따로 생각해 볼 필요가 없다. 첫 번째 시나리오 '3개 모델(1995년, 2002년, 2008년) 중 하나의 경로로 가는 것'을 미리 생각하는 과정에서 자연스럽게 대비가 된다.

그래서 우리는 첫 번째 시나리오만을 점검해 볼 것이다. 3개 모

델 중 하나의 경로로 가는 미래를 생각해 보려면, 3개 모델의 공통점과 차이점을 정리하고 3개 모델 중 하나로 결정되는 '분기점'을 찾는 등의 선행 작업을 해야 한다.

3개 모델의 공통점과 차이점을 정리하는 것부터 해보자. 3개 모델 상황에서 경제 지표들이 어떻게 움직였는지, 어떤 경제 지표가

▶ 두 가지 시스템 레버리지: 기준금리와 기업이익

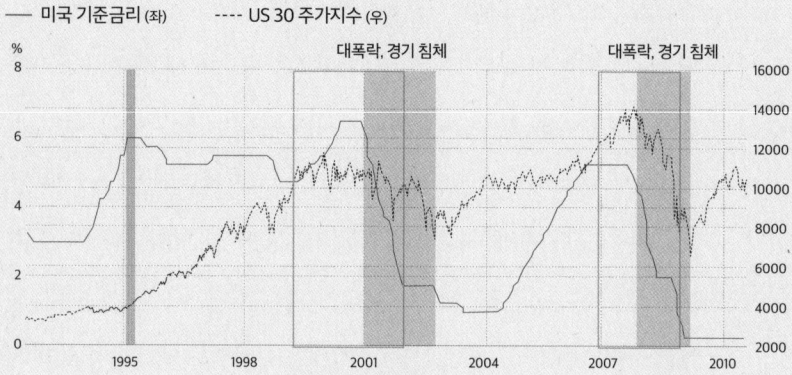

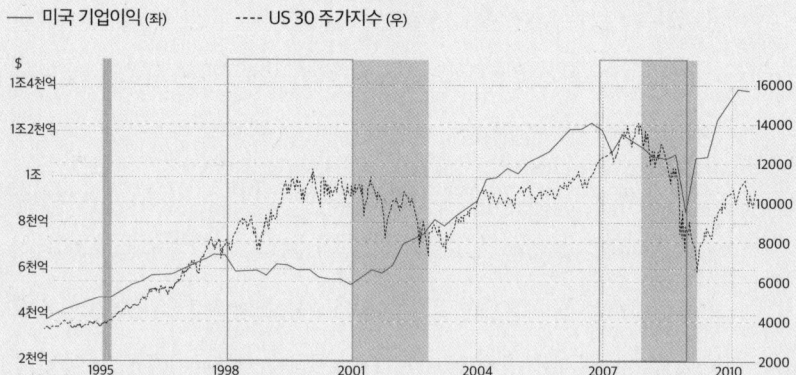

출처: tradingeconomics.com

서로 연관되어 움직였는지 등을 비교 분석하면 공통점과 차이점을 발견할 수 있다.

경제 지표를 비교 분석할 때도 기준이 있다. 시스템 레버리지 system leverage에 해당하는 변수를 먼저 찾아야 한다. 레버리지(지랫대) 변수를 기준으로 가까운 순서로 다른 변수(지표)의 움직임을 비교하면, 중요한 교집합(패턴), 차이점, 다양한 신호를 통찰하고 소음을 구별해 낼 수 있다.

필자가 제시하는 시스템 레버리지는 2개다. 긴축 상황에서는 '기준금리'가 레버리지다. 경기 침체 상황에서는 '기업이익'이 시스템 레버리지다. 왼쪽의 그래프를 보자. 주식시장 대폭락기에 기준금리는 결정적 변수다. 그리고 기업이익 하락이 뚜렷하면 경기 침체가 일어난다. 하지만 1995년 모델처럼 기준금리가 급등하고 압력이 커도 기업이익 침체가 거의 없으면 경기 침체가 일어나지 않는다.

시스템 레버리지 2개(기준금리, 기업이익)를 기준으로 3개 모델에서 공통적으로 등장하는 다양한 경제 지표를 비교해서 모델 간의 공통점과 차이점을 찾아보자.

긴축 시스템에서 기준금리와 인플레이션은 상관관계를 갖는다. 기준금리를 높일수록 인플레이션율을 하락시킬 가능성은 높아진다.(앞의 174쪽 그래프 〈1995년 모델과 2002년 모델의 미국 기준금리 및 근원 인플레이션율〉, 176쪽 그래프 〈2008년 모델의 미국 기준금리와 근원 인플레이션율〉 참조) 기준금리와 경제성장률은 더 강한 상관관계를 갖는다. 기준금리가 높을수록 경제성장률이 하락할 가능성은 매우 높아진다. 이 부분은 3개 모델에서 공통적으로 발생했다. 기준금리 인상 충격에도 초반에 GDP가 1~2% 정도만 하락하는 것도 3개 모델에서 공통적으로 발생했다.(175쪽 그래프 〈1995년 모델과 2002년 모델의 미국 기준금리 및 연간 GDP 성장률〉, 177쪽 그래프 〈2008년 모델의 미국 기준금리와 연간 GDP 성장률〉 참조)

다음의 그래프를 보자. 기준금리를 높여도 실업률 하락은 지속된다는 것도 3개 모델에서 공통점이었다. 실업률은 경기 침체가 발생해야 상승하기 시작한다는 것도 공통점이다. 실업수당 청구도 경기 침체가 발생해야 상승했다.

184쪽에 있는 그래프는 경기 침체 기간에 레버리지 포인트인 기업이익 움직임을 보여주는 그래프다. 1995년 모델에서 경기 침체가 발생하지 않은 이유는 기업이익에 큰 손실이 없었기 때문이다. 반면 경기 침체가 발생했던 2002년, 2008년 모델에서는 기업이익에 장기적이고 큰 손실이 발생했다.

그래프에서 보듯이, 경기 침체기에는 기업이익의 독특한 패턴이 나타난다. 경기 침체, 주식시장 대폭락이 벌어지는 2002년 모델, 2008년 모델에서는 기업이익 감소 추세가 2년 이상 지속되었다. 3분의 2는 경기 침체 진입 위기 신호 역할을 했고, 3분의 1은 실물 경기 침체가 선반영되는 셈이다. 미국 기업이익은 2023년 1분기에 정점을 찍고 계속 감소 추세를 보이고 있다. 만약 2024년 상반기까지 기업이익 감소 추세를 벗어나지 못하면 '경기 침체'를 기정 사실로 받아들이게 될 가능성이 높다. 1995년 모델에서는 급격한 기준금리 인상이 기업(채권시장)에 치명적인 타격을 주지 못한 이유도 분명하다. 기업이익률이 계속 상승하는 가운데 기준금리를 인하하

▶ **3개 모델의 기준금리와 실업률**

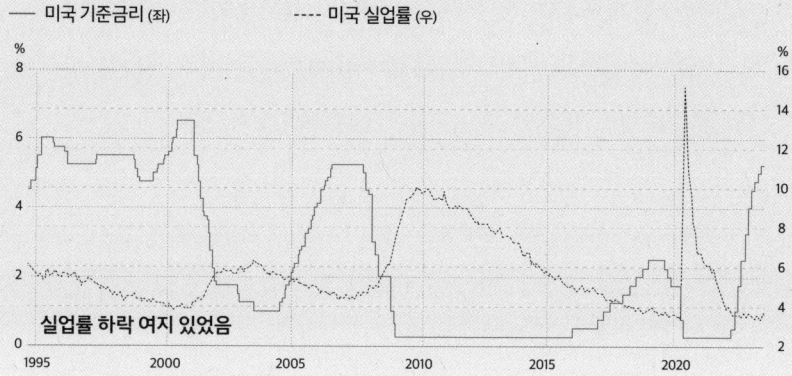

▶ **3개 모델의 기준금리와 신규 실업수당 청구 건수**

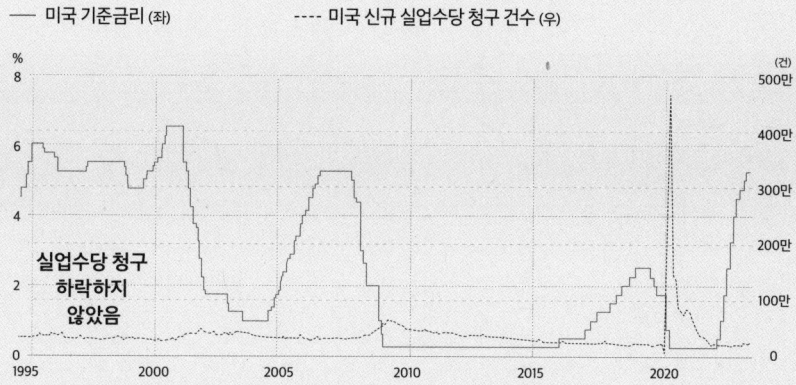

▶ **3개 모델의 기준금리와 고용률**

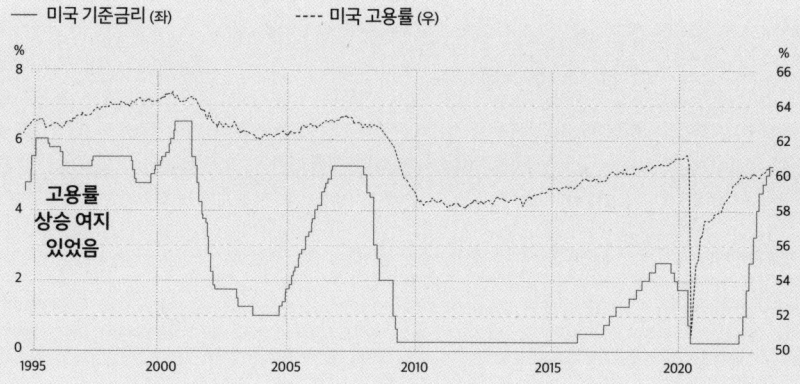

출처 공통: tradingeconomics.com

자 경제성장률이 즉시 반등한 후 '지속적'으로 '장기간' 상승했기 때문이다. 당연히 1995년 모델에서는 채권시장의 기준이 되는 미국 장단기 국채들의 움직임도 경기 침체형 패턴을 보이지 않았다. 지금까지 설명한 공통점과 차이점을 정리하면 다음과 같다.

▶ 경기 침체 기간 미국 기준금리와 기업이익

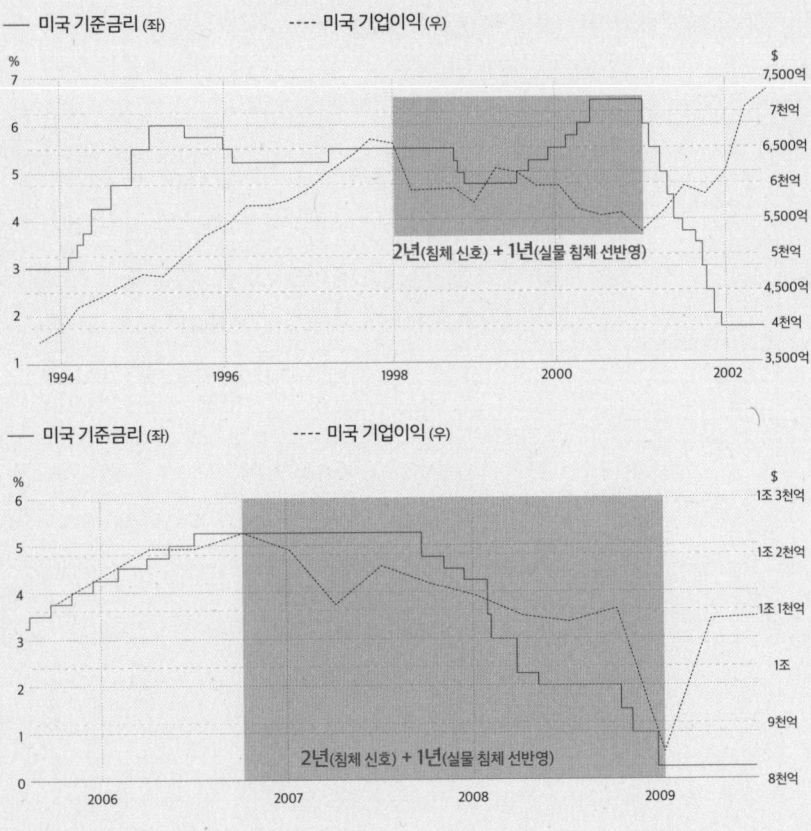

출처: tradingeconomics.com

3개 모델의 공통점과 차이점

- **공통점**
1. 기준금리를 높일수록 인플레이션율이 하락할 가능성이 높아졌다.
2. 기준금리를 높일수록 경제성장률이 하락할 가능성이 매우 높아졌다.
3. 기준금리 인상 충격에도 초반 GDP는 1~2% 정도만 하락했다.
4. 기준금리를 높여도 실업률 하락은 지속된다.
5. 실업률은 경기 침체가 발생해야 상승하기 시작한다.
6. 실업수당 청구도 경기 침체가 발생해야 상승했다.

- **차이점**
1. 기준금리가 정점에 이른 후 고용률이 계속 하락하느냐 여부는 각기 달랐다. 2002년과 2008년 모델에서는 기준금리가 정점에 이른 후 고용률은 주식시장 대폭락이 일어나고 경기 침체에 진입할 때까지 계속 하락했다. 반면, 1995년 모델에서는 둘 다 한풀 꺾이다가 재상승을 했다. 고용률에 추가 상승 여지가 있었기 때문이다.
2. 기준금리가 정점에 이른 후 기업이익이 장기간 큰 손실이 발생했느냐 여부도 각기 달랐다. 1995년 모델에서는 기업이익에 큰 손실이 없었다. 그 결과 경기 침체가 발생하지 않았다. 반면 2002년과 2008년 모델에서는 기업이익에 장기적이고 큰 손실이 발생했다. 그 결과 경기 침체가 발생했다.

2024년 MT
모델 분기점을 기억하고 있으라

　공통점과 차이점을 찾았으면, 3개 모델이 결정적 차이를 드러내는 '분기점'을 예측할 수 있다. 아래는 필자가 찾아낸 모델 분기점이다. 모델 분기점이란, 처음에는 경제 및 투자시장이 3개 모델 중 어느 하나로 정해지지 않다가(처음에는 공통점만 보이다가), 어느 순간에 3개 중 하나의 모델로 방향이 결정되는 시점을 말한다. 그 시점은 어떻게 알 수 있을까? 우리는 이미 3개 모델의 결정적 차이점이 무엇이고, 결정적 차이점이 확인되는 혹은 드러나는 시점이 언제인지 확인해 두었기 때문에 한 번에 알 수 있다. 필자가 찾아낸 시점은 다음과 같다.

　"기준금리 인하가 시작되고 9개월 후가 분기점이 될 가능성이 높다"

　이 시점을 지나면서 3개 모델의 결정적 차이점이 드러나게 될 것이다. 맨위의 그래프를 보자. 1995년 모델에서는 기준금리 인상을 멈춘 후 5개월 후에 인하를 시작했다. 2002년 모델에서는 7개월 후, 2008년 모델에서는 14개월 후에 기준금리 인하를 시작했다. 기준금리 인하 시작이 3개 모델 다 달랐지만, 상관없다. 중요한 분기점은 기준금리 인하를 시작하고 9개월 이후다.

　그러면 3개 모델에서 기준금리 인하 9개월 이후부터 무슨 일이 일어났기에 분기점으로 결정되었을까? 그 다음의 그래프들을 보자. 필자가 기준금리 인하를 시작하고 9개월 동안 3개 모델에서 무슨 일이 일어났는지, 9개월 이후에는 어떤 차이가 나타났는지 정리

▶ 3개 모델의 분기점

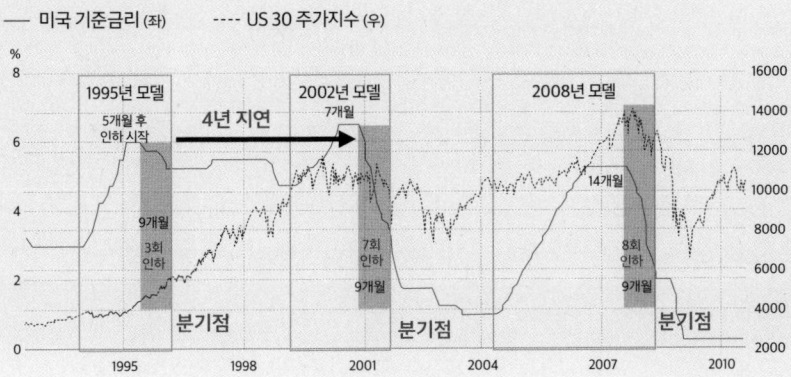

▶ 미국 기준금리 인하에 따른 3개 모델 변화 움직임

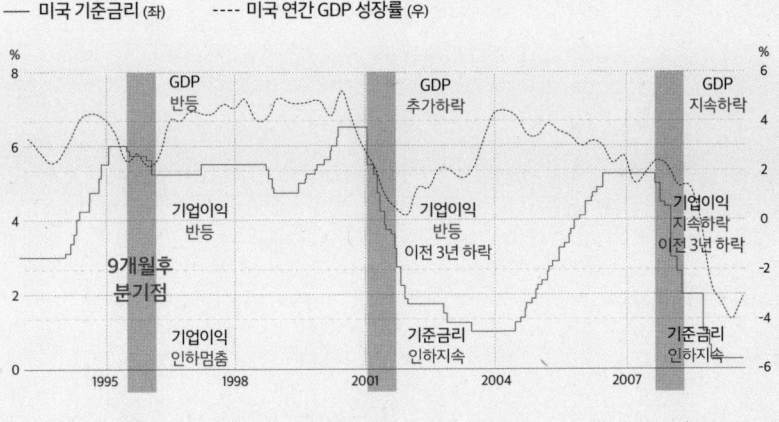

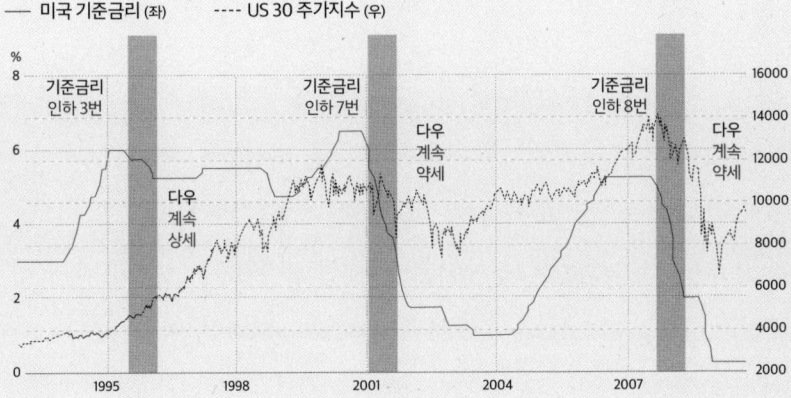

출처 공통: tradingeconomics.com

해 놓았다. 먼저, 기준금리 인하를 시작하고 9개월 동안은 GDP(연간) 하락은 3개 모델이 비슷했다. 그래서 현실이 어느 모델로 향하는지를 판단하는 자료로 사용하기 힘들었다. 주식시장 움직임은 약간 달랐다. 1995년 모델에서는 지속적인 상승장을 보였다. 2002년 모델에서는 박스권, 2008년 모델에서는 약세장을 보였다. 3개 모델 모두 달랐기 때문에 이 또한 현실이 어느 모델로 향하는지 판단하는 자료로는 사용하기 힘들었다. 이 시기 어느 모델로 향하는지를 판단하는 데 도움이 되는 중요한 신호가 하나 있다. 기준금리 인하 횟수다. 1995년 모델에서는 9개월 동안 3번만 인하했다. 2002년 모델에서는 9개월 동안 7번 인하했다. 2008년 모델에서는 8번이나 인하했다. 그만큼 급했다는 의미다.

가장 결정적인 차이를 드러낸 시기는 기준금리 인하를 시작하고 9개월 후부터였다. 1995년 모델에서는 기준금리 인하를 멈췄다. 기업이익이 반등하고, GDP(연간)도 반등했기 때문이다. 주식시장은 일시적으로 박스권을 유지했지만 새로운 대세 상승장으로 넘어가기 위한 숨 고르기에 불과했다. 주식시장은 계속 상승했다.

반면 2002년 모델에서는 기준금리 인하가 계속되었다. 기업이익이 반등했지만, GDP(연간)는 추가 하락했다. 2002년 모델에서 기업이익이 반등에 성공했지만, 1995년 모델과 결정적으로 다른 것은 이전 3년 동안 기업이익이 장기 하락을 했다는 점이다. 주식시장은 급락한 후 일시적으로 기술적 반등을 했지만 다시 하락하면서 약세장 추세를 계속 보였다. 2008년 모델의 특징도 기준금리 인하가 계속된 것이다. 2008년 모델에서는 기업이익이 계속 하락하고, GDP(연간)는 추가 하락했다. 2008년 모델에서 기업이익이

2002년 모델처럼 반등에 성공하지 못한 이유가 있다. 2002년 모델에서는 기업이익 하락 추세가 3년이었지만, 2008년 모델에서는 기업이익 하락 추세가 2년 정도였다. 추가 하락 여지가 있었다는 말이다. 2008년 9개월 이후부터 급락을 시작했다.

그렇다면 왜 2002년 모델의 경우 9개월 이후부터는 2002년과 2008년 모델과 다른 경로를 보였을까? 분명한 이유가 있다. 아래

▶ 실업률과 지연 현상

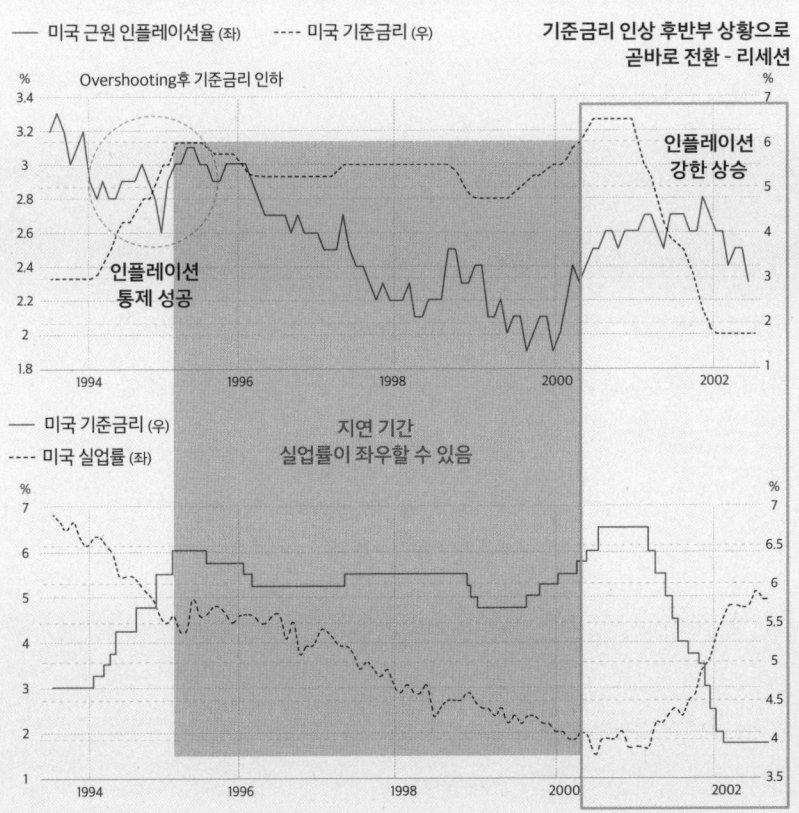

출처: tradingeconomics.com

의 그래프를 보자. 필자는 1995년 모델은 대폭락, 경기 침체로 가는 경로에서 지연delay 현상이 발생할 경우 나타나는 모델이라고 평가한다. 4년간의 지연 시간이 발생했다. 지연 현상을 발생시킨 가장 결정적 요인은 '실업률'이다. 1995년 모델에서는 실업률이 추가 하락할 여지가 많았다. 기준금리 인상을 시작할 무렵의 실업률은 6.5%였고, 기준금리 인상이 종료되었을 때에도 5.5%대였다.

몇 가지 추가 팁을 소개한다. 연준이 기준금리를 올려 인플레이션 통제에 성공한 이후에는 임금상승률의 증가 추세가 멈추지 않아도 한동안 물가는 하락한다. 경기 침체가 발생하지 않는 모델에서, 기준금리를 내리면 달러 가치는 계속 하락한다. 경기 침체가 발생하는 모델에서는 기준금리를 내려도 달러 가치는 상승한다. 미국이 경기 침체에 빠지면 그 여파가 전 세계로 파급되어서 안전 자산인 달러의 가치가 역으로 높아지는 아이러니한 상황이 발생하기 때문이다. 연준이 기준금리를 내리면, (경기 침체 여부와 상관없이) 미국의 장기 국채 가격은 상승하고, 장기 국채 금리는 계속 하락한다. 기준금리가 높아도 GDP는 하락과 반등을 반복하며 내려간다.

미주

1장 챗GPT가 바꿀 2024년 비즈니스 장면들

1 서울경제, 2023. 08. 12. 서종갑, "스티브 잡스가 꿈 꾼 '애플 AI 혁명' 팀 쿡이 무너뜨리나"
2 서울경제, 2023. 05. 08. 양철민, "워런버핏·팀쿡도 가세한 '생성형 AI 거품론'"
3 서울경제, 2023. 08. 12. 서종갑, "스티브 잡스가 꿈 꾼 '애플 AI 혁명' 팀 쿡이 무너뜨리나"
4 한국경제, 2023. 05. 15. 최예린, "구글도 접는다… 폴더블 폰 '대격전' 예고"
5 서울경제, 2023. 08. 12. 서종갑, "스티브 잡스가 꿈 꾼 '애플 AI 혁명' 팀 쿡이 무너뜨리나"
6 AI타임즈, 2023. 04. 21. 박찬, "보고 듣고 대답하는 챗GPT 안경 등장"
7 매일경제, 2023. 08. 23. 이덕주, "영어학원 뿌린 돈이 얼만데… 100가지 언어 술술 '그놈'이 나타났다"
8 한국경제TV, 2023. 04. 17. 홍성진, "130조원 시장이 다가온다"… 파이퍼 샌들러가 콕 찍은 AI 유망주"
9 연합뉴스, 2023. 04. 18. 김태종, "구글 CEO '사회가 AI 기술 못 따라가… 급속한 발전 대비해야'"
10 전자신문, 2023. 08. 31. 이준희, "통계청, 초거대AI '통계비서' 내년 서비스… 통계 활용 대중화 시대 열려"
11 전자신문, 2023. 09. 04. 조정형, "삼성전자, 내년 모든 가전에 빅스비 기반 생성형 AI 적용"
12 아시아경제, 2023. 07. 02. 임주형, "'인류 최대 디플레 압력'… AI가 부르는 생산원가 혁명"
13 포춘코리아, 2023. 04. 25. 공인호, "포춘 500 SW기업, AI로 생산성 향상 실익"
14 디지털타임스, 2023. 03. 22. 팽동현, "빌 게이츠 '생성AI, 윈도 이후 최고'… 젠슨 황 '아이폰급 혁신'"
15 파이낸셜뉴스, 2023. 03. 24. 김미희, "'AI가 추리소설 범인 맞출 수 있을까'… 엔비디아-오픈AI"
16 연합뉴스, 2023. 08. 17. 이지헌, "'AI칩 어디 없나요'… 품귀 지속에 美 벤처업계, AI칩 확보 비상"
17 ZDNET Korea, 2023. 06. 07. 권봉석, "PC용 프로세서에 부는 AI 엔진 탑재 바람, 올해 더 거세진다"
18 한국경제, 2023. 04. 19. 최진석, "MS, 자체 인공지능 칩 개발… 이르면 내년 초 완료"
19 아시아경제, 2023. 09. 03. 임주형, "中 AI의 반격?… 엔비디아급 GPU 개발"
20 이데일리, 2023. 05. 24. 김국배, "초거대 AI 시장 뺏기면, 700조 클라우드·AI반도체도 위협"
21 https://www.ksia.or.kr/compass/202110/compass_business.html / CIOKorea, 2023. 05. 08. 김달훈, "1분기 클라우드 시장 20% 성장… 빅3가 65% 점유"
22 이데일리, 2023. 04. 20. 김현아, "'올해 퍼블릭 클라우드 지출 6천억 달러… 전년비 21.7%↑'… 가

트너"
23 전자신문, 2023. 05. 09. 김명희, "AI디지털교과서, 공교육 '게임체인저'"
24 중앙일보, 2020. 08. 07. "코로나 이후 교육의 미래는: '에듀테크'가 가져온 3가지 큰 변화"
25 전자신문, 2020. 12. 08. 박소라, "내 책상에 들어온 AI, 다채로워진 AI 교육기술"
26 전자신문, 2020. 12. 08. 박소라, "교사당 수십명 학생 '비효율' 숙제, 교육의 지능화로 푼다" / 조선비즈, 2020. 11. 07. 류현정, "100만 다운 스픽 CEO '한국에서 성공하면 세계에서 성공'"
27 서울신문, 2023. 07. 21. 김민석, "그 많던 가상인간은 다 어디로 갔을까"
28 조선일보, 2023. 05. 24. 채제우, "메타버스 이용률 이젠 겨우 4%… 기업들 고민 커졌다"
29 디지털데일리, 2023. 09. 03. 서정윤, "AI에 진심인 LG CNS, 'AI 코딩' 만든 이유는?"
30 이데일리, 2023. 04. 23. 김현아, "프론트엔드를 1분 만에'…AI가 개발자 대체 가능할까?"
31 한국 정부는 2014년부터 스마트 제조 혁신을 위한 스마트 공장 구축·확산 정책을 시작했다. 스마트 공장이란 '지능형 공장'이라고도 불리는데, 설계·개발, 제조 및 유통·물류 등 생산 전 과정에 디지털 자동화 솔루션이 결합된 정보통신기술(ICT)을 적용하여 생산성, 품질, 고객만족도를 향상시키는 생산 공장이다.(네이버지식백과, 매일경제용어사전, 스마트공장) 디지털 자동화 솔루션은 공장 내 설비와 기계에 센서와 사물인터넷을 설치하여 공정 데이터를 실시간으로 수집하고, 인공지능이 이를 분석 및 제어하여 복잡한 작업을 빠르게, 정확하게, 지속적으로 수행하는 환경을 제공한다. 생산성 향상은 기본이고 더 많은 제품을 더 빠르게 생산할 수 있다. 품질 감시와 관리도 좋아진다. 고급 카메라, 센서 기술과 결합된 딥러닝 알고리즘이 제품 결함을 실시간으로 탐지하고 분석하면서 더 높은 품질의 제품을 생산하고, 리콜이나 수리 비용을 줄일 수 있다. 생산 공정 예측이 가능하기 때문에 더 효율적인 생산 계획 수립도 가능하다.
32 서울신문, 2014. 05. 29. 박종익, "인텔, 3D 프린터 활용한 2족 로봇 '지미' 공개"
33 서울신문, 2016. 06. 27. 조우상, "프로포즈용 보석반지, 이젠 3D프린터로 인쇄"

2장 2024년 MT: 미래기술 트렌드 추적

1 아시아경제, 조유진, 2023. 08. 24. "'제2의 테슬라?' 美 전기차 스타트업 '만성적자'"
2 한겨레, 2023. 04. 20. 조기원, "'중국 자동차 판매 3대 중 1대는 전기차'… 시장 격변 선도"
3 한국경제, 2023. 08. 26. 최수진, "'전기차에 올인'… '대륙의 실수' 中 샤오미, 또 일내나"
4 한국경제, 2023. 05. 16. 노정동, "'13년은 타야 본전 뽑는데…' 전기차 운전자들 '울상'"
5 조선비즈, 2023. 08. 17. 박진우, "전기차 얼마나 안 팔리면… 현대차 1년 충전 무료"
6 헤럴드경제, 2023. 08. 24. 김지윤, "가격표가 곧 주도권…美 전기차, 양보 없는 '할인 전쟁'"
7 머니투데이, 2023. 06. 20. 임현섭, "충격! 중국의 자동차 묘지', 수천 대의 신형 전기차가 썩어가고 있다"
8 조선비즈, 2023. 05. 20. 이윤정, "돈줄 막힌 中 전기차 줄도산… '3년 안에 70%는 사라진다'"
9 https://www.tesmanian.com/blogs/tesmanian-blog
10 SNE리서치(2023년 1월)

11 연합뉴스, 2023. 06. 16. 임미나, "BofA '테슬라 美전기차시장 점유율, 2022년 62% → 2026년 18%'"

12 조선비즈, 2023. 04. 20. 고성민, "2035년 내연기관車는 부유층 전유물?… 'e퓨얼'에 웃는 포·람·페"

13 [네이버 지식백과] 이퓨얼 [e-fuel] (두산백과 두피디아, 두산백과)

14 조선비즈, 2023. 04. 20. 고성민, "2035년 내연기관車는 부유층 전유물?… 'e퓨얼'에 웃는 포·람·페"

15 한겨레, 2023. 04. 20. 조기원, "중국 자동차 판매 3대 중 1대는 전기차"…시장 격변 선도'

16 헤럴드경제, 2023. 04. 25. 김지윤, "2035년 '10대 중 9대'가 전기차… 시장 우위 확보에 사활"

17 서울경제, 2023. 05. 20. 김기혁, "'가장 안전하다'는 테슬라 전기차… 지옥같은 퇴근길도 '안녕' [김기혁의 테슬라롱숏]"

18 ZDNET Korea, 2023. 07. 20. 유효정, "中 챗GPT 탑재 전기차 만든다… 세계 최초 양산"

19 조선일보, 2023. 08. 30. 정한국, "현대차, 연말 '시속 80km 자율주행' 세계 첫 상용화"

20 한국경제, 2023. 06. 04. 빈난세, 김일규, "모셔널 美서 연말 아이오닉5 무인택시 운행"

21 조선일보, 2023. 08. 30. 정한국, "현대차, 연말 '시속 80km 자율주행' 세계 첫 상용화"

22 한국경제, 2023. 09. 04. 김영은, "'LG 미래카' 청사진 공개… 70년 가전 노하우 모빌리티에 신는다"

23 ZDNET Korea, 2023. 09. 01. 이정현, "자율주행 모드서 핸들·페달 숨기는 애플카 나올까"

24 아시아경제, 2023. 05. 09. 오현길, "배터리 '과잉'온다… 2년 뒤 美서 전기차 1000만 대는 팔려야"

25 Kotra, 2023. 03. 30. 송소영, "美 자동차 산업의 지형 변화? 미시간주 배터리 제조의 중심지 사수!"

26 아시아경제, 조유진, 2023. 08. 24. "'제2의 테슬라?' 美 전기차 스타트업 '만성적자'"

27 한국경제, 2023. 05. 16. 노정동, "'13년은 타야 본전 뽑는데…' 전기차 운전자들 '울상'"

28 Kotra, 2023. 03. 30. 송소영, "美 자동차 산업의 지형 변화? 미시간주 배터리 제조의 중심지 사수!"

29 글로벌오토뉴스, 2023. 02. 25. "2022년 글로벌 전기차 시장 점유율 9.9%- 중국·유럽·미국이 93.3%"

30 아시아경제, 2023. 05. 09. 오현길, "배터리 '과잉'온다… 2년 뒤 美서 전기차 1000만 대는 팔려야"

31 아시아경제, 2023. 05. 09. 최서윤, "이미 배터리 과잉공급에 들어간 중국"

32 [네이버 지식백과] 폼팩터 (시사상식사전, pmg 지식엔진연구소)

33 매일경제, 2023. 06. 01. 명순영, "韓 디스플레이, 차이나 쇼크에 '앙숙' 삼성·LG 악수"

34 디지털데일리, 2023.05.19. 김도현, "'접고 말고 밀고'… 韓中 디스플레이 폼팩터 전쟁 확산"

35 전자신문, 2023. 08. 23. 김영호, "'프리미엄차 절반에 LG OLED 심겠다'… LGD, 차량용 디스플레이 공격 확장"

36 ZDNET Korea, 2023. 05. 19. 유혜진, "이매진 OLED 기술이 뭐길래?… 삼다가 인수한 이유"

37 매일경제, 2023. 06. 02. 배준희, "투명·XR·차량용 디스플레이… 3대 신시장 잡아라"

38 전자신문, 2023. 08. 23. 김영호, "'프리미엄차 절반에 LG OLED 심겠다'… LGD, 차량용 디스플레이 공격 확장"

39 머니S, 2021. 04. 16. 박찬규, "운전대 놓고 넷플릭스 본다. 50인치 화면은 기본"

40 전자신문, 2023. 08. 23. 김영호, "'프리미엄차 절반에 LG OLED 심겠다'… LGD, 차량용 디스플레이 공격 확장"

41 [네이버 지식백과] 이차 전지 [二次電池, secondary cell] (자동차 용어사전, 2012. 05. 25. 자동차용어사전편찬회)

42 세계일보, 2023. 07. 11. 이동수, "포스코 미래는 이차전지소재… 전체 투자비 46% 쏟는다"

43 MoneyS, 2023. 08. 07. 이한듬, "바다 위 테슬라… '18兆' 자율운항선박 시장 잡아라"

44 경향신문, 2023. 06. 05. 이정호, "전기 시키는 분~ 바다 위 초대형 '배'터리, 2025년에 뜬다"

45 ZDNET Korea, 2023. 06. 20. 박수형, "T맵에서 전기차 충전 배달 써보세요"

46 디지털데일리, 2023. 05. 21. 이건한, "'전고체전지 27년 양산' 약속 지키나…삼성SDI 1분기 연구개발비 역대 '최대'"

47 전자신문, 2023. 05. 01. 윤희석, "리튬인산철 배터리 국산화…2026년까지 233억 원 투입"

48 더스쿠프, 2023. 06. 24. 김필수, "전기차에 변속기 달면 벌어질 일"

49 아시아경제, 2023. 05. 24. 우수연, "현대차도 배터리 직접 만드나… 비밀 병기는 '반고체 배터리'"

50 디지털데일리, 2023. 08. 11. 이건한, "실리콘 다음도 있다… 배터리 음극재 끝판왕은 '리튬메탈'"

51 디지털데일리, 2023. 05. 21. 이건한, "'전고체전지 27년 양산' 약속 지키나… 삼성SDI 1분기 연구개발비 역대 '최대'"

52 조선비즈, 2023. 07. 02. 최온정, "'전고체 배터리 잡아라'… 드라이룸 업계도 분주"

53 ZDNET Korea, 2023. 04. 21. 김윤희, "유럽, 세계 첫 가상자산법 '미카' 통과… 내년 6월 시행"

54 한국경제, 2023. 06. 19 .이정훈, "16조 달러 시장 열어 갈 '게임체인저', STO 대해부"

55 한국경제, 2023. 06. 19. 정지은, 선한결, "토크노믹스 시대… 생존 달린 플랫폼 혁신 시계 빠르게 돌아간다"

56 한국경제, 2023. 06. 19. 이정훈, "16조 달러 시장 열어 갈 '게임체인저', STO 대해부"

57 한국경제, 2023. 06. 19. 이정훈, "16조 달러 시장 열어 갈 '게임체인저', STO 대해부"

58 SBS Biz, 2023. 05. 12. 엄하은, "하늘 날아서 출퇴근한다?…상상이 현실로"

59 세계일보, 2023. 06. 10. 강승훈, "'하늘을 나는 자동차' 띄워라…지자체, 도심항공교통 사업 경쟁"

60 전자신문, 2023. 07. 03. 서희원, "4억짜리 '비행 전기차' 美 시험비행 승인"

61 한국경제, 2023. 05. 22. 김형규, "英 스카이포츠 한국지사장 드론, 항만 물류의 핵심 기술"

62 연합뉴스, 2023. 06. 29. 이승연, "2032년까지 도심 드론 배송 상용화… 드론 산업 세계 5위로"

63 시사저널, 2023. 08. 15. 김현수, "모빌리티 혁명이 불러올 국토의 미래 지형도"

64 전자신문, 2023. 06. 18. 박준호, "이통3사, UAM 상용화 주도… 상공망 준비 본격화"

65 전자신문, 2023. 06. 01. 박준호, "美·中 기술 냉전, 6G 경쟁으로 확전"

66 마이클 하임, "가상현실의 철학적 의미" 여명숙 역, (서울: 책세상, 1997), 179-206.

67 이데일리, 2023. 08. 29. 김현아, "미중 기술 패권 경쟁 수혜주, 클라우드로 가는 '오픈랜'"

68 더스쿠프, 2023.04. 25. 이혁기, "비싸고 느린데, 일론 머스크의 스타링크 한국서 통할까"

69 전자신문, 2023. 06. 18. 박지성, "아마존 "2024년 위성통신 베타서비스"… 평면안테나 경제성으로 차별화"

70 조선일보, 2023. 05. 25. 김성민, "머스크가 연 우주 인터넷 시대… 영국·중국도 뛰어들어"

71 경향신문, 2023. 05. 14. 이정호, "내년부터 초대형 풍선 타고 일반인도 지구 밖 여행"
72 ZEDNET Korea, 2023. 04. 20. 한세희, "화성 이주 꿈 첫 발 스타십, 발사까지는 성공했지만…"
73 한겨레, 2023. 06. 30. 곽노필, "버진 갤럭틱도 '상업용' 우주비행 성공…800장 티켓 이미 예약"
74 파이낸셜뉴스, 2023. 04. 20. 조은효, "현대차그룹도 우주사업 뛰어들었다… 2027년 달 탐사 차량 개발"
75 경향신문, 2023. 04. 23. 이정호, "월면에 건설 붐?… NASA 달 기지, 남극 외 여러 곳에 지을 수도"
76 경향신문, 2023. 09 .03. 이정호, "'주인님! 창고 정리는 제가 할께요'… 내년 만능 인간형 로봇 나온다"
77 한국경제, 2023. 05. 20. 백수전, "'가사도우미' 일자리 잃나… 2600만 원 넘는 로봇의 정체"
78 조선비즈, 2023. 09. 03. 황민규, "첨단 AI·로봇 기술 경연장된 베를린… '로봇 개'에 수술 로봇도 등장"
79 로봇신문, 2020. 06. 10. "중국 외식업계, 코로나19 위기에 로봇으로 대응"
80 조선일보, 2020. 07. 9. 이영완, "코로나로 사람 떠난 연구실에 로봇 과학자가 왔다"
81 로봇신문, 2020. 04. 13. 장길수, "유통 분야 혁신을 주도하는 로봇 5종"
82 조선일보, 2023. 06. 28. 유지한, "新자동화 혁명… 아마존 제품 4분의 3이 로봇 거친다"
83 조선비즈, 2023. 06. 21. 이영완, "집안일 돕는 로봇, 스승은 동영상"
84 로봇신문, 2020. 04. 30. 이성원, "DHL, 애비드봇의 자율형 청소로봇 '네오' 대거 도입"
85 동아일보, 2023. 05. 27. 허진석, "로봇 '입은' 채 걷고 뛸 수 있게… 예쁘게 입는 로봇 시장 열 것"
86 ZDNET Korea, 2023. 05. 21. 신영빈, "가방처럼 메는 '로봇 팔' 등장…日연구진 "상호작용 도움""
87 위클리 조선비즈, 2020. 03. 20. 이철민, "육해공으로 AI가 쳐들어온다. 인간 잡으러"
88 아시아경제, 2021. 06. 28. 임주형, "인간 vs 기계 효율성 경쟁… '로봇 물류센터' 시대 열려면?"
89 조선일보, 2023. 06. 15. 박건형, "세상은 그대로, 사람만 로봇으로 바꾸면 된다… 다가오는 휴머노이드 시대"
90 전자신문, 2023. 07. 23. 김명희, "'로봇친화도시 도약' 서울시 2026년까지 2029억 투입"
91 조선일보, 2023. 06. 28. 유지한, "新자동화 혁명… 아마존 제품 4분의 3이 로봇 거친다"
92 ZDNET Korea, 2023. 07. 18. 신영빈, "학교 급식실 조리로봇 첫 도입… 인력 부족 대안"
93 서울경제, 2023. 04. 30. 박효현, "로봇에 생존 달렸다… '고객'이던 삼성·현대차도 '공급자' 변신"
94 ZDNET Korea, 2023. 07. 18. 이나리, "결 다른 삼성·LG전자 '로봇' 신사업 전략… 왜?" / 매일경제, 2023. 07. 11. 최승진, "美특허로 본 삼성 로봇… 물건 찾아 정리·애완견 감정 파악도"
95 서울경제, 2023. 05. 07. 김성태, "100대 이상 로봇, 생활공간서 운영… 사업화 가능성 입증"
96 ZDNET Korea, 2023. 08. 12. 신영빈, "한화로보틱스 10월 출범… 로봇사업 선택과 집중"
97 서울경제, 2023. 06. 21. 박시진, "편의점에서 로봇 판다… GS리테일, AI 서빙 로봇 '이리온' 판매"
98 매일경제, 2023. 06. 02. 최재원, 송경은, "스테이크 굽고, 빈 그릇 치우고, 커피 서빙… 착실한 이 직원, 벌써 1만대"
99 뉴시스, 2023. 09. 03. 김동현, "HD현대건설기계, 사우디 '네옴시티' 건설 현장 투입"
100 문화일보, 2023. 05. 21. 곽선미, "두바이에 초대형·특급 달 리조트?… 6조 6000억 원 규모 개발계획, 문 프로젝트 구상"

101 일간제주, 2023. 05. 12. CGTN "중국의 '미래 도시' 슝안과 혁신 중심 성장"
102 서울경제, 2023. 09. 01. 김태원, "38세인데 '만수르보다 10배 부자'… 불로장생 연구에 매년 1.3조 '펑펑'"
103 한국경제, 2023. 04. 17. 김인엽, "꿈의 '암 백신' 드디어 나오나… 10명 중 8명 효과 봤다"
104 조선일보, 2023. 06. 29. 김효인, "'실험실서 키운 닭고기'로 만든 버거, 곧 식탁에…"
105 동아사이언스, 2023. 05. 28. 이다솔, "5년 후 핵융합 발전 상용화?… MS의 당찬 '베팅'"
106 한국경제, 2023. 05. 21. 이해성, "핵융합 엔진의 힘… 초대형 수송기도 수소 2~3통으로 1년 비행"
107 중앙일보, 2023. 09. 04. 김상진, "저출산 한국 위한 거라고? 현실로 다가온 '출산기계' 인공자궁"
108 연합뉴스, 2023. 05. 25. 이주영, "뇌-척수 무선 디지털 연결로 척수마비 환자 다시 걷는다"
109 중앙일보, 2023. 08. 24. 이해준, "네이처 "마비환자 뇌 해독… 생각 읽어 대신 말해주는 장치 개발"
110 조선비즈, 2023. 05. 27. 홍아름, "인간 뇌에 칩 이식… 머스크의 뉴럴링크, 美 FDA 임상시험 승인 받아"
111 한겨레, 2020. 08. 29. 곽노필, "머스크, 뇌에 뉴럴링크 칩 심은 돼지 공개"
112 조선일보, 2023. 06. 15. 곽창렬, "'시각 장애인이 보게 될 것' 몸에 칩 심는 '휴먼 혁명' 온다"
113 동아사이언스, 2020. 09. 18. 이현경, "미래학자 레이 커즈와일 '2030년 사람 뇌와 AI잇는 인터페이스 나온다'"
114 차원용, "미래기술경영 대예측" (서울: 굿모닝미디어, 2006), 556쪽
115 미치오 카쿠, "미래의 물리학" 박병철 역, (서울: 김영사, 2012), 299쪽
116 동아사이언스, 2017. 10. 30. 이혜림, "줄기세포 싣고 몸속 손상 부위 찾아가는 마이크로 로봇"
117 한국일보, 2014. 05. 08. 임소형, "인공 DNA 세포내 복제 첫 성공, 새 생명체 탄생 길 열리나"
118 매일경제, 2023. 07. 20. 이유섭, "'차 긁힌것 쯤이야'… 몇 분 만에 깨끗해지는 '미래 나노기술' 공개"
119 YTN, 2023. 07. 01. 최소라, "미래 산업의 게임체인저… 양자기술로 바뀌는 세상은?"
120 동아사이언스, 2023. 06. 05. 이창욱, "접시에서 뇌세포로 만든 바이오컴퓨터, 5년 내 상용화"

3장. 2024년 MT를 움직이는 심층원동력

1 The Wall Street Journal, 2023. 08. 23. Stacy Meichtry, "The World Is Contemplating a Second Trump Administration"

2 케인즈주의에서는 불황의 원인은 투자의 부족이고, 이를 해결하기 위해서는 큰 정부, 재정 중시책을 구사해야 한다고 설명한다. 1970년대 미국경제는 스태그플레이션과 달러 가치 폭락으로 위기에 봉착했다. 경기 대침체도 반복되었다. 베트남 전쟁기 물가 상승은 수요 견인 인플레이션 패턴이었다. 미국은 제2차 세계대전 때 전비보다 몇 배 많은 돈을 쏟아 부었다. 미국이 금 보유량보다 많은 달러를 찍어내자 뱅크런 위기가 발생했다. 1971년 8월 15일 닉슨 대통령은 금태환 폐기 선언을 했다. 오일쇼크

시대 물가 상승은 비용 인상 인플레이션 패턴이었다. 하지만 기저에는 금태환 폐기 이후 추가로 풀린 막대한 달러 유동성 문제도 있었다. 1981년 1달러 구매력이 1971년(10년 전) 대비 66% 하락할 정도로 달러의 대위기가 발생했다. 케인즈가 주장한 '수요 창출을 위한 정부의 적극적 개입'으로는 이 모든 문제를 해결할 수 없었다. '정부의 실패'라는 주장까지 제기되었다. 다급한 연준이 급격한 기준금리 인상을 해도 높은 물가는 잡히지 않았고 달러 가치 회복도 더뎠다.

대안으로 주목한 것이 통화주의(monetarism)였다. 이들은 격심한 인플레이션, 스태그플레이션, 대공황 같은 심각한 경제 교란은 대부분 '통화 교란' 때문에 발생했다고 결론을 내렸다. 통화 교란이란 급격한 통화량의 팽창이나 수축의 반복 현상이다. 통화 교란을 만든 주범은 정부라고 했다. 1930년대 대공황도 주가 폭락이 아니라 미국의 통화 당국에서 잘못된 통화량 억제정책을 실시해 통화량이 3분의 1 가량 급감한 것에 직접 기인했다고 평가했다. 정부의 잘못된 통화정책이 통화 교란을 낳고, 이는 경제 교란을 초래한다는 주장이었다. 이를 해결하는 방법은 정부의 시장 개입을 최소화하고, 통화량을 적절히 조절하는 것이었다. 물가를 안정시키는 수준에서 통화량 조절을 하면 자연스럽게 화폐 가치도 안정된다. 이것을 신화폐수량설(新貨幣數量說)이라고 부른다.

이런 주장을 하는 대표 학자는 시카고학파 밀턴 프리드먼(Milton Friedman)이었다. 1976년 프리드먼은 '소비분석, 통화의 이론과 역사 그리고 안정화 정책의 복잡성에 관한 논증' 등의 업적으로 노벨 경제학상을 수상했다. 프리드먼은 인플레이션을 알코올 중독에 비유했다. 술을 마시면 기분이 좋아지는 효과가 먼저 나타난다. 과하게 마시려는 강한 유혹에 빠지는 것도 이 때문이다. 술의 나쁜 효과는 나중에 나타난다. 화폐를 너무 많이 발행할 때도 마찬가지다. 알코올 중독 치유는 그 반대다. 금주를 하거나 통화 팽창을 멈출 때 악영향이 먼저 오고 좋은 효과는 나중에 나타난다. 이런 패턴 때문에 근본적 치료를 지속하기 어렵다.

프리드먼은 올바른 화폐정책의 핵심은, 정부가 일정한 통화증가율을 공시하고 이를 장기에 걸쳐 매년 철저히 준수하는 것이라고 생각했다. 정부는 이 준칙만 지키고 나머지는 민간에 맡기면 통화 교란(통화량의 급격한 변동)으로 인한 경제 혼란 발생을 예방하고, 미래의 불확실성을 축소하여 경제 주체들이 계획에 입각한 합리적인 경제 활동을 행할 수 있게 된다. 다만, 적정 통화증가율은 평균 실질경제성장률보다 약간 높은 수치로 고시할 것을 권고했다. (현재는 통화량 목표제 대신 이자율 목표제가 일반적이다.) 프리드먼은 작은 정부와 시장의 자유를 주장했다. 시장이야말로 민주적 표현의 진정한 영역이라고 생각했다. 사람은 자신의 지갑으로 사회 질서를 유지하는 방식에 대한 선호를 표명하고 기업은 수익성 있는 것을 제공함으로써 반응한다. 반면, 정치 체제는 본질적으로 사람이 시장에서 요구할 수 있는 선호의 종류를 제한함으로써 개인의 자유를 제한한다. 정부가 시행해야 할 시장 정책은 시장 기구의 경쟁 체제를 유지하거나, 시장 기구가 제공할 수 없는 것을 대신 제공하는 선에서 그쳐야 하고, 나머지 문제는 자유 경쟁의 원리에 맡기면 시장 기구가 자체적으로 조절하는 힘이 생겨서 순차적으로 해결된다. 미국 정부와 연준은 프리드먼의 주장을 적극 받아들였고 현재까지 재정과 통화의 준칙으로 사용된다. 이런 대변화의 시작 시점이 1980년대 초다.